U0935724

CHINA LAW EDUCATION RESEARCH

教育部高等学校法学类专业教学指导委员会
中国政法大学法学教育研究与评估中心 主办

# 中国法学教育研究
## 2018年第4辑

主　　编：黄　进
执行主编：曹义孙
副 主 编：李树忠

中国政法大学出版社

2019 · 北京

图书在版编目（CIP）数据

中国法学教育研究. 2018年. 第4辑/黄进主编. —北京：中国政法大学出版社，2019. 1
ISBN 978-7-5620-8814-1

Ⅰ. ①中…　Ⅱ. ①黄…　Ⅲ. ①法学教育－中国－文集　Ⅳ. ①D92-4

中国版本图书馆CIP数据核字(2019)第017606号

---

出 版 者　中国政法大学出版社
地　　址　北京市海淀区西土城路25号
邮寄地址　北京100088信箱8034分箱　　邮编100088
网　　址　http://www.cuplpress.com (网络实名：中国政法大学出版社)
电　　话　010-58908524（编辑部）　58908334（邮购部）
承　　印　北京朝阳印刷厂有限责任公司
开　　本　650mm×960mm　1/16
印　　张　11
字　　数　148千字
版　　次　2019年1月第1版
印　　次　2019年1月第1次印刷
定　　价　39.00元

# 目 录

CONTENTS

## 百花园

目 录

CONTENTS

## Legal Education



## Curriculum and Teaching

## Spring Garden

# 法学教育

Legal Education

# 法学教育的知识属性及其建构意义*

◎屈茂辉　李勤通**

**摘　要：**法学教育恢复40年以来所存在的问题，根本上产生于对法学知识教授客观性与规律性的忽视。法学知识同时具有规范性和科学性，两者要求不同的教授方式。规范性要求注重知识言说和文本阅读，科学性要求知识体系与法律实务的合理对接。在法学教育诸层次中，专科教育应当削减甚至取消；本科教育应当在缩减规模的基础上注重法学知识教授的规范性与科学性；法律硕士要根据法学和非法学的差异有所侧重，法学硕士可以根据学生的选择进行教学模式的分流，且招生规模上应向前者靠拢；法学博士要提高创造新知识的能力；法学成人教育要注重法学知识的规范性，限制学位获得者参加法律职业资格考试。

**关键词：**法学知识　法学教育　通识教育　公民培

---

*　本文系湖南经济与社会发展法律研究中心及法治湖南建设与区域社会治理协同创新中心平台中期成果。

**　屈茂辉，法学博士，湖南大学法学院教授；李勤通，法学博士，湖南大学法学院助理教授。

养　法律实践能力

自1977年恢复高考以来，我国法学教育已经取得长足进步。各个法学院校培养出的一批批法律人才，已逐渐走上法律岗位，成为我国法治建设的重要动力。但法学教育蓬勃发展的背后，仍然存在诸多难题。2018年6月，司法部正式颁布《2018年国家统一法律职业资格考试公告》，接受过系统法学教育的高校毕业生成为拥有报考资格的主要人群。这既是对法学界多年呼吁的回应〔1〕和对法学教育质量的认可，同时又对法学教育提出重要挑战。建设了40年的法学教育能否真正承担起这项重任？如何进一步推动法学教育的优质化、培养出一批能够在新时代建设法治社会的法律精英，成为摆在法学院校面前最为重要的课题之一。想要深入探讨我国法学教育所面临的问题，首先应该理解法学与法学教育的本质，以此为基础，才能建立起分析基准。

## 一、法学与法学教育的性质之辨

对法学教育性质的认识差异会影响到教育模式。法学教育的性质一直游走在通识教育和职业教育之间。〔2〕通识教育，或者说素质教育，意味着法学教育模式应以知识传授为主；职业教育则不仅需要教授系统性的法学知识，还需要对学生进行法律职业技能培训。尽管这两种观点不存在根本冲突，但是在教学资源有限的情况下，观点差异仍然会产生一定影响，引导法学教育走向不同方向。近年来，就业压力的增大使得法学教育逐渐走向技能培训的道路。〔3〕但是，这种做法具有相当的应激性，因而缺乏理论

---

〔1〕 参见郑成良、李学尧：《论法学教育与司法考试的衔接——法律职业准入控制的一种视角》，载《法制与社会发展》2010年第1期，第121－128页；孙笑侠：《法学教育的制度困境与突破》，载《法学》2012年第9期，第112页。

〔2〕 参见王晨光：《法学教育的宗旨——兼论案例教学模式和实践性法律教学模式在法学教育中的地位、作用和关系》，载《法制与社会发展》2002年第6期，第33页。

〔3〕 参见潘溪：《培养应用型人才：法学实践教学的现状与创新》，载《中国法学教育研究》2018年第2辑，第32－43页。

依据。法学教育的性质决定法学教育的方式，而法学教育的性质取决于法学学科的性质。法学的学科属性则受其知识属性的影响，知识属性将很大程度上决定其教育方法。“所谓培养目标不是指政治意义上培养什么人的问题，而是指学术意义上培养应具有什么知识结构的人才的问题。”〔1〕不同类型的知识往往具有不同的教育用途。这也是为什么法学教育存在通识教育与职业教育之争的原因。前者，往往要求灌输性的知识，后者则要求技能性的知识；前者往往强调课堂教育，后者则强调技能训练。这种差异在文理科之间极为明显，文科的课堂教育与理工科的实验室教育迥然有异。

自20世纪80年代开始，法学的知识属性就是法学教育者争论的焦点之一。部分学者认为法学知识的本质是科学知识；〔2〕还有一部分学者则认为法学知识的本质是规范知识。〔3〕所谓科学，是对客观世界的认识，尽管其中不可避免地带有主观性，但仍在很大程度上具有价值中立性。而自亚里士多德开始，追求“城邦的善”就是研究和认识社会过程中不可避免的主观诉求。〔4〕这种关于法学知识本质的冲突认识实际上忽略了法学知识的两面性：通过法学发现人类社会规则的运行方式，并建构起合乎基本价值的规则体系，必然是法学与法律的追求；而到达法律之治的途径则需要依赖具有相对客观性的法律文本、法律技术以及法律认知方式，尽

〔1〕 参见王晨光：《法学教育中的困惑——从比较视角去观察》，载《中外法学》1993年第2期，第70－71页。

〔2〕 参见胡玉鸿：《法学是一门科学吗?》，载《江苏社会科学》2003年第4期，第165－171页。

〔3〕 参见周永坤：《法理学——全球视野》，法律出版社2016年版，第6－7页。所谓规范知识是指追求善与正义的知识。也有综合性的观点同时强调法学的规范性与科学性。参见胡舟：《法学是“科学”和“哲学”——也谈法律学不是一门科学》，载《比较法研究》1992年第Z1期，第137－139页。

〔4〕 “一切社会团体的建立，其目的总是为了完成某些善业——所有人类的每一种作为，在他们自己看来，其本意总是在求取某一善果。”［古希腊］亚里士多德：《政治性》，吴寿彭译，商务印书馆1965年版，第3页。

管这些相对客观的知识在很大程度上是为了满足主观需要。[1]这样，法学知识本质上来说兼顾了规范性知识和科学性知识两种内容，也即兼有器与道两种属性。[2]一个合格的法律人对这两者都要有充分认识。也就是说，一个合格的法律人应该熟知法律的基本价值，能够准确识别法律文本、熟练运用法律技术并能够掌握认识法律的不同方式。

当然，“实践的最佳指导是理论。执业内容愈复杂，法律理论愈重要。因此，美国主流的意见仍然是正确的，法学院应该着重智能的培育，只需生产毛坯，它的任务只是‘保证当学生离开母校时，他对法律的主要范畴的结构有扎实的基础，他有能力在这个基础上按照他执业的要求继续发展’。”[3]当直接的法律实践能够提供给被教育者更好的知识体验或者说能够更快地提高被教育者从事法律实务能力时，法学教育所提供的科学知识的含金量就降低了，甚至可能成为法律实践的批评对象。然而，任何实践都需要理论支撑，或者说，有理论支撑的法律实践可以更加系统和有效。法学教育仍然能够在传授科学性的法学知识中做出贡献。事实上，经过系统法学教育培养的法律人才在法律实务中具有相当大的优势，法学教育为法律事业的发展作出不可替代的贡献。

这样一来，法学知识的双重属性就对法学教育的发展提出了双重要求。一方面，法学教育应当涵摄法律的基本知识体系、法律价值以及法律的思维方式等，从而提高被教育者的法学素养，包括法律伦理素养；另一方面，法学教育应该涵摄法律技能教育，提高被教育者研究法律、使用法律的基本能力，从而使其能够运用相对客观的视角和方法观察、评价法律并进行法律实践。同时，法学教育还承担塑造法律职业共同体的功能。“只有将法

---

〔1〕 在某种意义上，这反映出法学发展的趋势。早期的法学更加重视价值，因此自然法思想在解读法律本质的过程中占据主导地位。随着法治的成熟，法学又开始重视技术，强调通过技术实现法治是真正达到法治的途径。

〔2〕 胡舟：《法学是“科学”和“哲学”——也谈法律学不是一门科学》，载《比较法研究》1992年第Z1期，第138页。

〔3〕 何美欢：《理想的专业法学教育》，载《清华法学》2006年第3辑，第122页。

律职业构筑成一个价值、语言、解释和身份的共同体，才能维护法制的统一和维持法的确定性。通过职业准入的控制和指引，能够促成和维护这种共同体的形成。"[1]法律职业共同体同样对法学教育提出了要求，即无论是科学知识还是规范知识，法律职业共同体内部都应当对其保持认识和理解上的相对同一性，或者说，至少存在相对客观的法律价值和技能优劣的评价体系以提高实现内部交流和互相制约的可能性。这些特征都意味着法学教育应该同时为学生提供通识教育和职业教育，而后者要求是一种科学性的教育，并带有实践性质。由于法学教育的多层次性，这种法学知识与法学教育的双重属性可能会受教育层次差异的影响而产生偏倚。

## 二、我国当前法学教育对法学知识特性的反映及其问题

我国现在的法学教育体系相对复杂，包括法学专科、法学本科、法律硕士、法学硕士、法学博士以及成人教育，不同层次或类别有不同的培养目标。培养目标的差异意味着当前的法学教育工作者已经认识到法学知识所具有的双重性，从而对不同层次的法学教育设计了不同的知识侧重。也即，在具体教育过程中，不同层次的法学教育具有不同的知识偏好，在规范性和科学性上有不同的侧重。但是这些偏重有时并非真正反映了法学知识的本质，因而会产生一些问题。

### （一）知识视角下的法学专科及其问题

法学专科教育是目前法学教育中的职业教育。按照《高等教育法》第16条的规定："（一）专科教育应当使学生掌握本专业必备的基础理论、专门知识，具有从事本专业实际工作的基本技能和初步能力"；而同条关于本科的规定为："（二）本科教育应当使学生比较系统地掌握本学科、专业必需的基础理论、基本知识，掌握本专业必要的基本技能、方法和相关知识，具有从事本专业实际工作和研究工作的初步能力"。无论是专科还是本科，

[1] 郑成良、李学尧：《论法学教育与司法考试的衔接——法律职业准入控制的一种视角》，载《法制与社会发展》2010年第1期，第122页。

法学教育对被教育者知识掌握范围的要求并没有偏重，只是对其程度要求不同，同时对学生的培养提出更高要求，即从从事实际工作到还能够从事研究工作。

在具体的法学教育中，这种专科与本科的培养目标差异体现得也不明显。以山东政法学院为例，其专科培养目标是“本专业培养具有较扎实的法学理论基础，系统掌握现行法律规定的基本内容，有较强法律实务工作技能的高等应用性专门人才。”〔1〕其本科培养目标是“本专业培养德、智、体、美全面发展，具有比较全面、系统、扎实的法学理论功底和较强的实践能力，具有良好的人格心理素质和崇高的法治精神，适合从事各种法律事务及其他相关职业工作的应用型高级法律专门人才。”〔2〕尽管后者的培养目标更加丰富，但德智体美全面发展具有培养目标的共性，〔3〕良好人格心理和崇高法治精神则是任何从事法律职业者都必备的。培养目标的细微差异，不足以影响两者在教育过程中的知识选择。

从法学知识传授的角度来看，法学专科的设计是为了满足法学技能的需要。但法学知识本质上就有规范性与科学性两个面向。一个合格法律人才必然需要拥有良好的法治精神、充分的法学知识以及准确运用法律的基本能力。这意味着法学专科生的培养目标不在于其独立意义。真正使法学专科与法学本科产生分离的不在于培养目的，而是更现实的因素，即高考导致的学生分流以及司法行政部门所确定的法律职业资格考试的门槛。尤其是后者，从根本上限制了法学专科毕业生的就业路径，这使得法学专科生不得不通过专升本、自考、函授等方式转为本科生，由此法学专科在某种意义上成为本科的预备阶段，其独立的培养意义进

〔1〕 参见山东政法学院官网：http://zs. sdupsl. edu. cn/zsjhzk/63. jhtml.

〔2〕 参见山东政法学院官网：http://zs. sdupsl. edu. cn/zyjsbk/54. jhtml.

〔3〕 例如十九大报告明确指出：“要全面贯彻党的教育方针，落实立德树人根本任务，发展素质教育，推进教育公平，培养德智体美全面发展的社会主义建设者和接班人。”参见 http://cpc. people. com. cn/n1/2017/1028/c64094 – 29613660 – 10. html，最后访问日期：2018 年 10 月 19 日。

一步降低。一般来说，专科的培养目的就是培养技术性人才，[1]但法学专科的设计从本质上就忽视了法学知识的双重性，即规范性与科学性，单一的科学性所培养的法律人无法适应法治的规范诉求。[2]更遑论法学专科的师资力量一般较弱，而法学知识科学性的教授要求教师应该具备较高的法学素养。

### （二）知识视角下的法学本科及其问题

本科教育一直是高等教育的重中之重，法学本科也不例外。2018年教育部发布《普通高等学校法学类本科专业教学质量国家标准》，这是法学教育恢复40年以来第一份关于法学本科教学质量的国家标准。该标准提出："法学类专业教育是素质教育和专业教育基础上的职业教育。"这一标准在素质教育和专业教育的基础上提出职业教育的概念，这实际上就是认为，法律职业要求从业者同时具备通识知识和专业知识。这也就要求法学本科教育应当能够使受教育者同时接受通识教育与技能教育，从而在毕业之后具备从事法律职业的基本能力。

对于法学教育或者说任何高等教育，就业都具有重要指标意义。"现在根据中国法治发展的需要，我们正在从学术型法学教育转向适应中国法治需要的职业型法学教育，所以在培养目标上，从过去的法学人才培养正转向法治人才培养。"[3]这种事实上的转变一度引起学者们的担忧。付子堂教授就曾经提出："本科教育专科化趋势，是让从事法学教育的人非常忧心的一件事。"[4]然而问题在于，教育的目标就是培养能够适应市场竞争的人才，从而实现自我与社会的双重发展。因此，贾宇教授提出："有人担心，

---

〔1〕"培养中高级技艺型（技术应用型）人才始终是它的首要目标和基本特征。"参见李均：《中国高等专科教育发展史》，学林出版社2005年版，第1页。

〔2〕法律伦理正在越来越受重视，表现之一是"法律伦理学"这门课已经被列入十门法学专业核心课程。

〔3〕徐显明等：《改革开放四十年的中国法学教育》，载《中国法律评论》2018年第3期，第10页。

〔4〕柴葳：《规模扩张遭遇结构失调，与实践脱节导致就业率滑坡，在依法治国大背景下——法治人才培养如何应对挑战》，载《中国教育报》2015年7月20日，第1版。

如果明确以法律职业为法学院的培养目标导向，就会使大学法学院成为司法考试培训班，成为培养法律工匠的地方。我们认为，如果高素质的法官、检察官和律师就是法律工匠，我们不应该为培养了这样的工匠而自豪吗?"[1]这种对立看法不同程度上忽视了法学知识本身所具有的双重性，法学首先是一种追求法治的方式，带有建构美好社会的基本诉求；其次，法学所教授的专业技能是达成这种诉求的基本手段。最新的国家标准遵循了法学发展的这种客观规律，综合了这两种不同观点。

然而，现实是我国法学本科教育的培养质量参差不齐。虽然已经逐渐消除二本与三本的差距，但是一本、二本、三本的大众认知仍然存在。不同类型的学校也存在很多问题：其一，实践教学的有效性不足，是法学院校存在的普遍问题。[2]尽管很多法学院组织了案例研习课、法律诊所教育、模拟法庭以及到特定实务部门的实践，但是这些课程往往流于表面，实践教学的培养目标并不明确，很大程度上是对国外教学方式的某种借鉴，缺乏对自我目的的反思。因此，其所产生的实际效果往往也较为有限。当然，新的实践教学模式还在探索之中。[3]其二，三本（主要是民办教育）甚至某些二本学校的师资力量、图书资源等都严重不足,[4]更不用说优化培养体系。这使其根本无法保质保量地完成法学基本教育，更遑论提高教学质量。而基于市场选择与自我认知，这些学院的毕业生考研率一直都居高不下。然而，尚未进行很好的本科教育就直接进入硕士学习阶段，这不仅增加了硕士培

---

〔1〕 贾宇：《改革开放三十年法学教育的发展及其当前改革》，载《法律科学（西北政法大学学报)》2008年第6期，第7页。

〔2〕 参见房绍坤：《我国法学实践教学存在的问题及对策》，载《人民法治》2018年第16期，第79-82页。

〔3〕 例如，湖南师范大学法学院的王葆莳老师等筹建了“律生学院”，通过引入实务专家进行集中性实务指导的方式来提高学生从事法律实务的技能。

〔4〕 以厦门大学嘉庚学院为例，该学院设有法学院。但是纵览该法学院的官方网站，其师资力量的介绍主要由厦门大学法学院的教师组成，当然也有一部分的独立师资。参见 http://jgxy. xmu. edu. cn/index. php? c = Teacher&a = list&id = 3，最后访问日期：2018年10月19日。这种依托于其他法学院校进行法学教育的做法在三本院校非常常见。

养的难度，而且有使后者沦为本科再教育的趋势。这不仅浪费了教育资源，而且进一步降低了硕士培养质量。

### （三）知识视角下的法律硕士及其问题

自20世纪90年代以来，法律硕士逐渐成为法学学科硕士教育的主要群体，每年的招生人数不断增加。时至今日，各个法学院所招收的法律硕士人数已经远超学术型硕士。[1]这一培养模式的出现深受美国教育模式的影响。[2]其用意在于吸引拥有多元知识背景的学生进行法学深造，以培养复合型人才。按照法律硕士与法学硕士的分类，前者侧重于技能知识，后者侧重于理论知识。这种分类本质上合乎对法学知识双重性的认识，即承认了法学本身具有规范性与科学性两个方面，并通过不同学位来表现其差异。但是在法律硕士的教育实践中，培养手段与培养目的之间一度呈现出矛盾状况。

在早期试点中，“绝大多数法学院的J.M.教育，一直采取的是‘大本科’教学模式，而学术要求则直接套用法学研究生培养模式及评价指标，均与展开法律职业教育的要旨相去甚远……受教者与施教者均感到无比的心理失望及期待落差。随之而来的，社会评价与学校定位均降格以待，使得一个本来在美国法学院备受重视且为其主流的J.D.项目，在中国设J.M.项目时，则生南桔北枳之效。”[3]这导致法律硕士地位一度非常尴尬。对于法律硕士的评价标准而言，除了不异于一般法学本科教育的课程体系之外，以案例为主的毕业论文模式并未起到锻炼学生实践能力的效果，反而减轻了其课业负担，弱化了其深入思考法学相关问题

---

〔1〕 以湖南大学法学院为例，2019年全日制法律硕士（法学）的招生人数为48人，全日制法律硕士（非法学）的招生人数为70人，全日制法学硕士的招生人数为30人。

〔2〕 这一模式在早期深受美国法学教育模式的影响，但已经逐渐具有了更多本土色彩。参见冯玉军：《我国法学教育的现状与面临的挑战刍议》，载《中国大学教学》2013年第12期，第48页；孙昊亮、唐诗：《法律硕士研究生培养中双导师制的完善》，载《法学教育研究》2017年第2期，第250页。

〔3〕 易继明：《中国法学教育的三次转型》，载《环球法律评论》2011年第3期，第40页。

的能力。[1]甚至由于重视不足，很多法律硕士学习基础性法学知识体系的效果也不好。以至于对很多法律硕士而言，两到三年的教育经历最重要的是通过法律职业资格考试。这种状况直到今天也并未有根本改变。

何以出现这种情况？从法学知识的属性来看，法律硕士的定位是希望学生学习法学知识科学性的一面。从目前来看，法学知识的科学性主要是通过课程内容的科学性决定。“科学定义的重点不在于研究的题材，而在于研究的方法……不管研究的题材是什么，科学既然作为一种追求知识及解决问题的活动，它所采用的手段应该是一种科学方法。”[2]对法学而言，科学方法主要体现在两个方面：其一，法律适用方法的科学性；其二，法律研究方法的科学性。这两种科学性在一定程度上都可以通过课堂教学完成。以法律适用方法为例，法教义学就是法律适用方法之科学性的集中体现。[3]然而，尽管这一基于民法传统的法律解构和重构的方法对其他部门法也产生影响，[4]但在教学过程中仍然以民法为主。[5]这使得方法论的教育呈现单向性，无法贯彻于法律教育的始终；以法律研究方法为例，尽管更具科学性的研究方法不断出现，[6]但是这些研究方法与法律硕士的学习更远，主要是

---

〔1〕 按照国务院学位办修订的《法律硕士专业学位研究生指导性培养方案》，无论是法律硕士（法学）还是法律硕士（非法学），“学位论文应以法律实务研究为主要内容，提倡采用案例分析、研究报告、专项调查等形式。”

〔2〕 范伟达编著：《现代社会研究方法》，复旦大学出版社2001年版，第6页。

〔3〕 参见雷磊：《什么是法教义学？——基于19世纪以后德国学说史的简要考察》，载《法制与社会发展》2018年第4期，第100-123页。

〔4〕 以实用性为诉求的教义学可以形成宪法教义学、刑法教义学等。参见郑永流：《重识法学：学科矩阵的建构》，载《清华法学》2014年第6期，第100页。

〔5〕 在教学过程中，除了各部门法进行相对非系统的教义学教学之外，系统学习教义学的途径往往是通过“法学方法论”“法律方法论”“规范研究方法”等课程学习，这些课程往往由法理学或民法学的教师承担，而对国内影响较大的法学方法论著作如拉伦茨的《法学方法论》、黄茂荣的《法学方法与现代民法》、梁慧星的《民法解释学》也都主要以民法为主体。

〔6〕 以计量法学为例，其科学性显而易见。参见屈茂辉、匡凯：《计量法学的学科发展史研究——兼论我国法学定量研究的着力点》，载《求是学刊》2014年第5期，第98-106页。

因为它们大多以案例分析为毕业论文的写作方式。事实上，以案例分析为导向的毕业论文完全可以体现出法教义学的科学性，但是目前来看质量并不尽如人意，这也反映出相关教学存在的问题。〔1〕而《法律硕士专业学位研究生指导性培养方案》所规定的不少于6个月的专业实习也往往流于形式。事实上，譬如公检法单位更希望能够找一些可以干杂活的助手，学生想要通过专业实习提高对法律实践的认识只能靠自己的观察和悟性。从这里可以看出，法律硕士教育的最大问题在于虽然已经抓住了法学教育科学性的一面，但对于如何认识法学知识的科学性并进行知识教授仍存在认识和准备上的不足，由此也使得教学体系的建设缺乏必备因素。

### （四）知识视角下的法学硕士及其问题

法学硕士与法律硕士有所不同。尽管在就业方向上，法学硕士与法律硕士有相同之处，但法学硕士在培养目标上更注重教学和科研能力的提高。〔2〕所谓教学与科研能力的提高，本质上要求法学硕士具有一定的创新或者知识创造能力，能够在既有的法学知识体系内取得新突破。这使得法学硕士的教育应当综合法学知识的规范性与科学性。法学知识的规范性可以使其掌握知识发展的根本目标，法学知识的科学性可以使其掌握知识创新的主要方法。这种培养目标的定位本质上与早期的教育体系不完善、高层次人才短缺有关系。随着法学教育的飞速发展，法学硕士培养目标的实现可能性降低，由此产生新问题。

第一，严进宽出的教育方式使得法学硕士的培养目标无法有效实现。法学硕士的培养目标是培养创造性人才，能够为法学知

〔1〕 参见李友根：《法律硕士论文质量与案例研究：现状考察与改善建议》，载《中国法学教育研究》2017年第1辑，第12－35页。

〔2〕 尽管法学博士成为一般教学单位的基本门槛，但极少数学校仍然存在招收法学硕士作为教学力量的做法。例如，浙江财经大学东方学院2018年招聘刑事诉讼法学的专任教师，只要求硕士生学历，但是要求“1. 具有985、211或专业类院校背景；2. 具有法律职业资格证书……”。参见 http://www.gaoxiaojob.com/zhaopin/zhuanti/zjcjdxdfxy2017/index.html，最后访问日期：2018年10月19日。

识体系的发展作出贡献。但目前来看，这一目标并未实现，其中地方性高校受生源、师资等的影响尤为严重。[1]出现这种现象的原因可能是多元的：其一，相当一部分法学硕士读研的目标主要是提高学历，并没有进行知识创新的主观意图；[2]其二，根本原因是严进宽出的教育制度使得法学硕士可以不用取得多大的知识成就就足以毕业，客观上降低了他们创造新知识的动力，这不仅体现在毕业论文的写作上，毕业资格论文在相当一部分学校的取消也起到相同效果。[3]

第二，高层次人才的增多使得法学硕士的培养目标与工作岗位无法对接，客观上使得法学硕士与法律硕士的培养同质化，并逐渐转变成法学博士的前期培养阶段。[4]在发展早期，由于法学教育与科研人才的短缺，法学硕士毕业就走向教学或者科研岗位的现象大有所在。但时至今日，多数法学院校或科研单位的招聘主要是以法学博士为起点，法学硕士的培养目标在客观上受阻。这使得法学硕士呈现两个主要走向：其一，走向以公、检、法、律为主体的法律实践，这导致法学硕士与法律硕士之间直接竞争，也使得培养出口不可避免地同质化；其二，通过继续攻读博士学位，最终走向教学与科研岗位，然而这不得不面临严进宽出所带来的生源质量问题，有相当一部分攻读博士学位的法学硕士学术水平并不高，这不仅影响到法学博士的培养质量，而且使法学硕士应有的培养教学与科研人才的目的不再具有独立性。

### （五）知识视角下的法学博士及其问题

作为法学教育的最高阶段，法学博士是培养创造型法学人才

---

〔1〕 参见黄素梅：《地方高校法科硕士研究生教育改革刍议》，载《浙江工业大学学报（社会科学版）》2016年第4期，第472页。

〔2〕 林丽玲等：《关于研究生读研动机与发展状况的调查研究——以X大学为例》，载《扬州大学学报（高教研究版）》2016年第2期，第54－58页；黄维等：《“准硕士生”学业准备的实证研究》，载《学位与研究生教育》2017年第9期，第59页。

〔3〕 还有部分学校要求法学硕士以发表论文作为毕业条件，例如湖南大学等。

〔4〕 有学者直接将法学硕士视为走向法学博士的过渡阶段。参见朱立恒：《我国法学硕士教育的学术化改造》，载《社会科学家》2009年第6期，第82页。这种观点有一定道理，但忽视了法学硕士培养目标的相对独立性。

最为重要的阶段，也是当前法学学术产出最为重要的力量之一。知识创新是对博士研究生最为基本的要求。从法学知识的双重性来看，法学博士应当能够创造出具有规范性的创新性学术成果，而有价值的成果往往能够给法律实践带来有生命力的解释和有效的指导；同时这些成果应当符合法学科学性的要求，也即合乎基本的方法论标准。当然，这种双重性的实现受学科差异的影响，不同学科对知识科学性的要求是不同的。然而，目前法学博士的创新性总体来说并不令人满意。白建军教授在 2007 年就指出："从犯罪与刑法博士生导师和博士研究生这个特定研究群体 18 年来研究选题的动态趋势来看，该领域尚未表现出明显的范式革命的迹象和强烈需求，大量常规研究选题仍未失去对这个群体中多数学者的吸引力。"〔1〕之所以存在这种情况，有多方面的原因：

第一，与法学博士宽进宽出有关。"没有毕不了业的硕士，没有考不上的博士"，这种说法曾经一度流行。虽然与现实并不完全吻合，但也在一定程度上指出了博士入学考核机制的弹性。近几年来，为了保障导师的自主选择权，同时提高博士招生的质量，"申请—考核"制逐渐成为博士招生的主要模式。〔2〕但这一模式是否更加有效，能否回避掉人情、交易等问题还有待考察。事实上，即使是宽出的政策也并未改变很多学校存在大量延期毕业的博士生的情况。〔3〕

第二，法学博士精英化面临挑战。精英化是法学教育的方向〔4〕，博士生的培养更是如此。但随着法学博士数量急剧扩大，精英化路线受到挑战。自改革开放招收博士生以来，拥有

〔1〕 白建军：《法学博士论文选题创新性实证分析》，载《北京大学学报（哲学社会科学版）》2007 年第 3 期，第 108 页。

〔2〕 参见潘峰、张立迁：《博士生招生"申请—审核"制的自治路径探析》，载《学位与研究生教育》2017 年第 3 期，第 15 页。

〔3〕 博士生延期毕业一直是我国博士教育中的难题。参见杨虎：《国内综合性大学延期博士生培养管理问题初探》，载《研究生教育研究》2015 年第 6 期，第 18 – 22 页。

〔4〕 参见李龙：《我国法学教育急需解决的若干问题》，载《中国高等教育》2002 年第 7 期，第 14 页。

法学博士招生资格的院校与科研机构数量几经膨胀，截至2018年3月，全国共有法学一级学科博士点48个，二级学科博士点1个。而在未来发展中，教育部希望能够进一步扩张法学博士的招生规模。〔1〕法学博士培养规模的扩张带来一些难题：其一，博士生导师的规模不得不对应扩张，部分导师是否真正有能力指导博士生是待议的〔2〕；其二，法学博士的培养质量堪忧，这使得不合教育规律的做法一直存在，例如，发表资格论文的要求只被少数学校取消〔3〕，博士论文质量不高使得通过发表来证明学生学术水平的做法仍有现实意义。

第三，法学博士的自我认知出现问题。因为拥有最高学历，很多博士生不自觉地产生优越感。故学者称："总览当下博士整体研习之情势，于研习之目的，博士立意尚浅，志存非高远，博士为至高学历，然'朝为田舍郎，暮登天子堂'自满得意而学有不精者有之。然博士已身，难堪重负，近功而无实学，且居高而骄者众，为谋私利而无救世、为国之使命感者寡，实负法学博士之誉。"〔4〕对博士生而言，科研工作者是基本定位。作为科研工作者，能够创造新知识才应该是自豪感的真正来源，而不是所谓的学历。由于知识与博士学位关系的认知错位，博士生普遍"对接受博士教育的本质理解不清晰，缺乏明确的定位和目标，在学术研究上缺乏足够的热情与意愿，影响到学术研究的成果获得与质量状况。"〔5〕

---

〔1〕 教育部、财政部、国家发展改革委联合印发《关于高等学校加快"双一流"建设的指导意见》，要求在推进双一流建设过程中"适度扩大博士研究生规模"。

〔2〕 博士生导师的质量存在问题也是我国博士培养中的痼疾。参见王长乐：《对人文学科博士生培养单位及博导遴选方法改革的思考》，载《现代大学教育》2010年第6期，第53页。

〔3〕 例如中科院、社科院、北大、清华等。参见项向荣：《博士毕业发论文，不妨多几条道》，载《钱江晚报》2017年12月29日，第A0023版。

〔4〕 杨宗辉、张丽霞：《法学博士研习之法》，载《法学教育研究》2018年第1期，第51页。

〔5〕 黄海刚、金夷：《通往Ph.D之路：中国博士生入学动机的实证研究》，载《复旦教育论坛》2016年第5期，第59页。

## 三、知识性质背景下法学教育问题的解决思路

任何教育的目的都在于系统地教授知识，法学知识所具有的双重性，意味着法学知识的教授需要遵从两条不同的路径。规范性知识主要通过系统的文献梳理和知识讲授传承，当然，其中伦理性部分（主要是法律伦理）尽管可以学习但更多是通过实践体悟获得。科学性知识则既需要系统学习，又需要进行针对性实践。无论是案例分析教学、法律诊所、模拟法庭、实验室教学还是单位实习等，都能发挥效果。前述法学教育中的问题之所以存在，根本原因就在于对不同教育层次的知识需求认识不足或者错位，而且即使已经认识到具体知识的差异性，教育方式的设计仍然不同程度地忽视了不同知识在教授路径上的差异。从这一角度出发，可以对我国当前的法学教育改革提供一定的对策和建议。

### （一）重视法学知识教授的规律性

知识教授具有规律性，也即不同类型的知识其有效的教授途径常常不一样。规律的客观性不以人的意志为转移。法学知识在教授上应当尊重规范性与科学性的差异。对于规范性而言，通过知识言说与文本阅读，很多内容已经可以为受教育者所理解，其有效性往往取决于教师的个人魅力、学生的刻苦程度以及合理的考察机制。对于科学性而言，方法论的学习与实践极为重要，而且这两者的契合性也需要考虑。从某种意义上来说，法学知识的科学性是否能有效获得，相当程度上与法治的发展程度有关。良好的法治需要合理的方法论体系支撑，两者存在互动关系。〔1〕除了这种法学教育本身无法直接改变的社会现实之外，法学教育仍然可以从很多方面提高自身对规律性的认同。

第一，深入理解法学知识的双重性。法学知识的传播首先需要处理知识的教授者与接受者之间的关系。这需要法学知识的教

---

〔1〕 参见陈金钊：《开放“法律体系”的方法论意义》，载《国家检察官学院学报》2018 年第 3 期，第 60－70 页。

授者能够对知识的传播路径有深入了解，明确法学知识双重性对课程设计、实践方法、毕业条件等因素的影响。同时，法学知识的传播不仅要处理教授者与接受者之间的关系，还要处理这两者与管理者之间的关系。无论是高校自身的管理，还是教育行政部门，其制定的管理制度和评估制度都应该注重这种知识教授的差异性，建立起层次不同、结构多元的评估体系，而不能简单地用一般的方法评估。例如，更加重视法学方法论学科在教学评估中的比重等。

第二，按照法学知识的不同特征明确其不同的教授路径。就规范性而言，可以通过推进课程体系的完善和课时量的合理安排等方式来增强知识教授的有效性。同时，各法学院校应当采取更多方法推动法学师资队伍提高自己的知识素养与言说水平。尤其是要重视新教师教学水平的提高，使其能够实现从知识的创造者到知识的教授者之间的顺利转变。就科学性而言，可以通过塑造各个学科的教义学体系做出知识系统上的专门对应，提升与科学性有关的知识建构水平，并且建构起教义学体系与法律实践之间的内在关系。同时，要在实践中推动学生利用法学科学性的视角去观察法律实践，并运用到实践中。

第三，不能以政治考量取代对知识教授规律性的考量。知识传播的客观性一定程度上会受到政治力量的干涉〔1〕，违背客观规律的事情常常会在目的与手段之间构成冲突。法学教育的管理者和评价者，应该将法学知识教授的规律性与客观性作为基本评价原则，而不应该轻易制定违背规律的教育政策。无论是强化法学教育的评估，还是设计更合理的核心课程体系，都应该从这些角度进行考虑。这样才能为建设法治中国奠定更坚实的基础。

---

〔1〕 以博士点申请为例，相关博士点的审批有时候会受政治考虑的影响。例如，2018年新增法学一级学科博士点包括北京师范大学、中共中央党校、河北大学、浙江工商大学、江西财经大学、贵州大学、暨南大学、新疆大学。这些新增博士点中，某些博士点是否具备培养博士生的师资力量是待议的，其中未必没有地域平衡的考虑。相关问题还可以参见何海波：《要反思的是整个学位管理体制——评西北政法大学不符“申博”决定行政复议案》，载《中国教育法制评论》2010年第00期，第247-250页。

### （二）重视法学知识教授的基础性

推动法学知识的传播是建构起法学教育的基本前提，要做到这一点需要以下三个方面的努力：其一，建立知识更丰富的、梯队更合理的法学教育师资队伍，良好的师资队伍才能承担教授法学知识基础的责任；其二，建立更系统和全面的法学知识体系，知识体系的完善才能使教育具有可能性；其三，建立符合法学科学性需求的基本实践设施。这些不仅是对法学院校发展的客观要求，而且应当成为评价法学院校是否具有法律教育资格的基础。如果某些法学院校不具备开展法学教育、教授法学知识的基本前提，那么其存在的合理性是可议的。〔1〕以知识教授的基本性为导向，主要从如下三个方面对法学教育提出建议：

第一，各法学院校应该进一步完善师资队伍，构建分工明确、层次分明、兼具法学素养与实践能力的教师结构。随着法学博士培养数量的增加，法学院校教师的知识素养与学术能力有了很大提高，但是相对而言，具备实践能力的教师仍然相对较少。解决这一问题可以从三个方面入手：首先，提高一般师资队伍的实践素质，例如系统性学习等；其次，配备具有实践能力的专门师资力量，这既可以从专门培养的角度入手，也可以通过增强与实务部门的联系入手；最后，鼓励法学院校的教师在不影响主业的基础上适度参与法律实践。〔2〕

第二，建立起能够培养学生实践素养的基础机制。实践能力的培养对于法学教育来说是基础性的。当前，法学实践能力的培养是法学教育中最为薄弱的环节之一。之所以出现这种情况，既与法学院校的重视程度不足有关，也与学校对法学实践的认知简单有关。真正联系起知识与实践的纽带是法学知识能够真正与实

---

〔1〕“法学教育改革是世界范围内的改革，不仅仅是我们中国，而改革的方向是提高法学教育的起点。”参见徐显明：《法学教育的基础矛盾与根本性缺陷》，载《法学家》2003 年第 6 期，第 13 页。

〔2〕高校教师实践能力的不足可能也是影响法学教育质量的因素。参见张邦铺：《法学专业实践教学模式存在的问题及改进策略》，载《教育评论》2016 年第 7 期，第 127－130 页。

践对应起来。虽然直到今天，法学院所教授法学知识的实践性仍然常被质疑，但是知识的权威性不可避免地与其实践有效性有关。[1]探索各个学科的教义学方法与实践之间的密切关系，无论是解读实践还是评价实践，都应该成为法学教育的基础。这就需要加强各学科在这方面的建设。

第三，完善法学院校的准入和退出机制，要在遵从市场需求的基础上进行招生资格的动态调整。目前来看，大量不具有法学知识传播能力的法学院校具有招收法学学生的资格，这实际上与法学知识甚至普遍的知识教授所要求的基础是相悖的。不具备独立师资也不具备培养法学实践能力的三本乃至二本院校、党校等，根本没有能力去教授学生应当具备的法学知识，更遑论授予法学学位。这些院校应该通过退出评审机制而退场。时至今日，法学院校应该作减法而不是作加法。作为路径，教育部组织的学科评估已历经四轮，具有相当的公信力，对推动法学教育质量的提高也起到积极作用;[2]在评估基础上进一步确立退出机制是十分合理的，可以承担起相应职责，从根本上监督法学教育的质量。

### （三）重视法学知识教授的层次性

法学教育层次过多曾被批评。[3]但是不同培养目的对法学知识的需求并不一样，法学知识层次的多元性决定了法学教育层次的多元性，教育层次的合理建构是重要课题。法学教育设计的层次性需要合乎法学知识教授的层次性。我国目前的法学教育层次主要由专科教育、本科教育、法律硕士（包括法本法硕、非法本

---

〔1〕 葛云松提出，我国整体法治环境的不利在一定程度上影响了法学教育质量。参见葛云松：《法学教育的理想》，载《中外法学》2014 年第 2 期，第 288 页。法律实践的水平降低了知识需求水平，这不仅使得高质量的法学教育变得多余，而且使得法学知识可以脱离实践存在，并构成理想与现实之间的冲突。

〔2〕 参见《以学科评估为契机，提升学科建设水平》（观点摘编），载《中国高教研究》2016 年第 12 期，第 25 页。

〔3〕 冯玉军：《略论当前我国法学教育体制存在的问题》，载《政法论丛》2014 年第 1 期，第 83 – 85 页。

法硕)、法学硕士、法学博士等组成，此外还包括自考、函授、夜大以及非全日制法律硕士（包括法本法硕、非法本法硕）的成人教育。这些教育层次的设计是否合理以及如何改革，应受法学知识教授规律的检视。

第一，削减甚至取消专科教育。专科教育以培养实用性人才为基础，这与法学知识的双重性相悖。法学知识的双重性要求法学人才首先应该有必要的法治理念和法治精神，要能够在社会主义法治理念下维护社会的公平正义；而专科教育的实用性色彩在一定程度上把法律当成一种纯粹的工具，无法合乎法学知识的规范性诉求，这样培养出的学生可能无法满足建设法治中国的需求。

第二，本科教育应该遵从精英化的路径，由于本科的就业压力大〔1〕，应该同时重视规范性与科学性的教育。尽管通识教育的理念具有重要意义，培养合格的公民是包括法学乃至任何学科都应该具备的功能〔2〕，但是法学本科的教育仍然需要重视技能培训。对此，贾宇教授的批判有着现实意义："家长拿钱以及学生选择读法学院，大多绝不是仅为做一个懂法律而不从事法律职业的高素质公民。"〔3〕因此，因根据法学知识的规范性与科学性，建立两套内在关联而受到同样重视的法学知识体系。

第三，法律硕士应该更加注重法学知识科学性的一面。法律硕士的定位是培养能够从事法律实践的专门人才。这意味着法律硕士的培养要从实践需求出发，因此应当增加教义学与实践课程的比重，如果能够做到直接参与法律实务当然更好。同时，这要根据法律硕士内部两个学位的差异进行区分。

---

〔1〕　法学本科的就业率低是法学教育所面临的主要难题之一。参见卢文捷：《走出困境：关于法学本科毕业生就业率低的反思与建议》，载《中国大学生就业》2016年第18期，第56－57页。

〔2〕　"通识教育是法学教育与大学中其他专业教育的共同点，而非法学教育的特点。"参见葛云松：《法学教育的理想》，载《中外法学》2014年第2期，第290页。

〔3〕　贾宇：《改革开放三十年法学教育的发展及其当前改革》，载《法律科学（西北政法大学学报）》2008年第6期，第7页。

对法律硕士（法学）而言，基础法学教育已经贯穿于本科教育中，对其课程的设计要更加偏向实践类课程。对法律硕士（非法学）而言，规范性的法学教育仍然必要，没有受到良好的规范教育很难真正为法治建设做出贡献。就这一点，法律硕士（非法学）的培养可以参考法学本科教育的课程设计，但应该突出其多元背景。其中，有学者提出："只有从事法学教育、法学研究的人员，才有必要攻读法学硕士与博士学位。可以在法律硕士（法学）专业学生中，招收法学博士，以充实教学、科研一线。"〔1〕这一观点值得反思。从法学知识的角度来看，法律硕士与法学硕士的差异在于后者对知识创新应当有所贡献，与之相对，前者并不要求这一点。也正因为知识创新的同一性，法学硕士才能成为培养法学博士的前置阶段，而法律硕士从培养目标上来说并不具有这一特征。因此，虽然法律硕士具有硕士学位，但应为其攻读博士设置专门考试和必要的审查机制，或者设立专门的法律博士学位。同时，实践需求对法律硕士点提出更高要求，应该进一步完善硕士点退出机制，无法提供实践教学的（如党校、经考核不合格的硕士点等）应该尽早退场。

第四，法学硕士的培养要注重法学知识的双重性和知识创新的层次。在法学硕士的培养过程中，其培养目标与培养计划之间应当进行调试。在目前的就业市场背景下，法学硕士已经无法满足教学与科研的需求，这意味着大部分法学硕士在毕业后仍然需要从事法律实务。〔2〕这使得法学硕士的培养应该满足这一要求而不能视而不见。〔3〕但是知识创新是一件非常困难的事情，法学硕士要想做到知识创新，必然要花费大量时间投入到科研中，这会影响到其投入实践性教学的时间，尽管教义学之类仍然是必要课程。

---

〔1〕 樊建民：《法学教育模式改革之探析》，载《河南社会科学》2013年第8期，第76页。

〔2〕 参见屈茂辉：《我国法科研究生教育改革的宏观思考》，载《中国法学教育研究》2015年第4期，第9页。

〔3〕 参见林仕尧：《法学硕士研究生实践能力培养的内涵与路径探究》，载《学位与研究生教育》2015年第7期，第16－20页。

因此可以从这三个角度考虑：首先，建立法学硕士培养目标的动态体系，不再设计教学与科研的单一培养目的，而是培养兼具学术能力与实践能力的人才；其次，对法学硕士实行课程分流机制，比如在研一设计基本课程，根据学生的自主选择在研二设计实践课程与学术课程的分流；最后，需要在法学硕士的培养中设立适当目标，提高毕业论文的质量要求，从知识创新角度出发，明确法学硕士与法学博士之间的衔接。在此基础上，应当完善法学硕士点的退出机制。当法学硕士成为法学博士的前置培养阶段，没有博士点的法学院校在某种意义上无法为学生提供知识创新的完整培养机制，因此可以将法学硕士点与法学博士点的存在挂钩。同时，法学硕士在就业上的分流说明这一群体仍然远超市场需求，因此法学硕士的招生指标可以进一步缩减，并向法律硕士倾斜。

第五，重视法学博士的知识创造性。对法学博士而言，课程设计已经变得不再重要，最重要的是使其获得本学科的前沿学术信息。虽然目前来看，很多法学博士生仍然在学习如何写作。但这些问题本来应该在其硕士阶段就已经部分解决，这是法学硕士教育未落到实处的结果。因此，对法学博士的培养而言，主要从两个方面考虑：首先，完善培养单位的考核与评估机制，实行末位退场制度。目前来看，随着博士点评审权的下放，具有博士招生资格的法学院校越来越多，这有利于培养更多的教学和科研人才。但法学博士规模扩张的同时并未带来质量的提高。相反，实践证明，法学博士的培养质量并不尽如人意。无法实现知识创新的法学博士点从根本上无法达到设立目的，也就没有设立的必要。为此，应该针对法学博士点强化动态管理制度，根据考核与评估结果，实行末位淘汰制度，从制度上推动法学博士培养质量的提高。其次，提高对法学博士的培养要求。法学博士的培养目的就是要进行知识创新，从根本上推动我国法学理论的发展。尽管法学知识具有一定的主观性，但通过同行评价仍然能够对其是否真正创新进行评价。建立起更公正、合理、客观的博士论文评价机制极为重要，这一点完全可以通过教育部直接完善相关的制度，从而回避掉由法学院校自己确定评价机制所带来的弊端。至于博士生是否应该以发表学位论文作为毕业条件，则可以交由法学院校自己决定。

第六，法学成人教育应该成为特定的通识教育，确立以规范性法学知识为主的教授方式。成人教育是一种素质教育[1]，这一点从国务院于1987年批转的《国家教育委员会关于改革和发展成人教育的决定》中也可以清楚地看到："成人教育主要是对已经走上各种生产或工作岗位的从业人员进行的教育，能够直接有效地提高劳动者和工作人员的素质……对于培养有理想、有道德、有文化、守纪律的社会主义公民，形成好学上进的社会风气，对于发扬民主、健全法制，促进安定团结，成人教育也有着直接的作用。"[2]这种终身教育的理念同样适用于法学。不过，自考、函授、夜大、非全日制或者在职法律硕士曾经承担着对政法人才进行再教育的职能，使其通过学习法学知识能够更好地完成本职工作。[3]这与改革开放后法学人才的短缺有直接关系。但随着法学教育的进步，这种功能已经失去意义。不过，从提高个人素质、培养公民的角度来说，虽然法学成人教育仍然有重要意义，但是不能提供技能教育，或者说只能提供有限的技能教育。从知识教授的角度来说，从事法律职业所需要的科学性知识无法通过这种方式获得，因此应将部分成人法学教育转变为非学历教育，而类似自考、非全日制法律硕士等很难转变为非学历教育的则应当限制其参加法律职业资格考试，或者以经过必要的法律实践为基本前提。[4]

---

〔1〕 参见刘义兵主编：《成人教育研究》，重庆出版社2007年版，第24－30页。

〔2〕 参见教育部官网，http://old. moe. gov. cn/publicfiles/business/htmlfiles/moe/moe_726/200506/8930. html，最后访问日期：2018年10月21日。

〔3〕 参见李永安：《论非学历教育是我国成人法学教育的必然选择》，载《学理论》2010年第15期，第190－191页。

〔4〕 建立专业教育与职业准入资格之间的对应关系是一种合理做法。参见白晓煌、张秀峰：《专业学位教育与执业准入资格的协同衔接研究——美国的经验与启示》，载《中国高教研究》2018年第8期，第100－106页。

## 结　语

自改革开放以来，我国的法学教育已经走过 40 年的历程。法学院校在这 40 年间培养的人才已经成为建设社会主义法治中国的中坚力量。但相较于法治发达的国家，我国的法律人才在数量和质量上仍有不足。想要提高法学教育的培养质量，最重要的是遵循法学教育的规律性，而尊重法学知识的客观属性就是遵循规律性最为重要的表现。法学知识所兼具的规范性与科学性，意味着法学教育所要培养的是德法兼备的人才，德是法德，法是法技。不同层次的法学教育对法学知识的需求并不一样，不同层次可能会各有侧重。法学教育改革应当以法学知识传播的客观性为指导，对其具体制度的设计进行调整。这样，法学教育才可能找到改良道路。

# 法学研究生双导师制度的衔接互动机制探究*

◎陈　伟　宋　曦**

**摘　要：** 法学研究生双导师制度是贯通理论与实践的桥梁，具有传统的课堂教学与单一性校内导师无法企及的现实价值。双导师制度的优越性在于具体措施的落实，通过实践，践行方能对学生的实务能力与综合素养产生积极效应。基于当下法学研究生双导师制度的形式意味过于浓厚的弊端，应从该制度的体系设置与细化落实方面予以完善，加强双导师制度的衔接互动机制。从筛选校外导师、规范互动形式、实现沟通协作等方面着手完善，实现法学研究生、校内导师、校外导师三方之间的良好互动，对法律硕士与法学硕士进行区别培养，制定相应的双导师实施细则，以最大程度地发挥双导师制度的能量，激活该制度内在的多元积极功能。

---

* 基金项目：本文系重庆市高等教育学会高等教育科学研究课题项目“法学研究生双导师培养模式的问题与对策研究”（项目编号：CQGJ17002A）、重庆市教育科学“十三五”规划课题“法律硕士双导师制度的困境及出路研究”（项目编号：2017－GX－121）的阶段性研究成果。

** 陈伟，西南政法大学教授，法学博士，博士生导师；宋曦，西南政法大学青少年犯罪研究中心研究人员。

**关键词：** 双导师制 法律研究生 培养模式 衔接互动

知识经济时代，大到国家，小至学校，人才都是第一竞争力。20 世纪 90 年代初，经济体制逐渐由计划经济体制转向强调竞争的市场经济体制，大学毕业生的就业也由统分统配逐渐向自主择业、双向选择转变。这些制度改革对大学生的素质提出了更高的要求。2009 年，教育部决定通过增招全日制专业学位硕士研究生以解决人才缺口的问题。[1]此后，研究生的培养更加注重实践能力与创新能力，在我国研究生培养改革实践中，双导师制度的培养模式应运而生，即由学校导师和实务部门导师共同指导研究生完成学业的制度。在法学研究生的培养中，由导师与法官、检察官、律师等从事法律职业的优秀工作者共同指导学生，通过双导师之间的衔接与配合，以加强研究生多向性指导和实现卓越法律人才培养的现实目标。就当下来说，双导师制度存在哪些问题、如何予以有效完善，值得我们进一步探讨并提出相应的有益建议。

## 一、法学研究生设置双导师制度的现实价值

### （一）法学研究生双导师制度有弥补实践短板的最大优势

在我国，首次正式确立导师制是在 1953 年颁布的《高等学校培养研究生暂行办法》一文中。[2]2012 年，《教育部关于全面提高高等教育质量的若干意见》指出："要改革研究生的培养机制，专业学位研究生要实行双导师制。"[3] 2013 年，出台了《关于深入推进专业学位研究生培养模式改革的意见》，文件中再次提到，高校、各培养单位要加大力度重视校内外双导师制的培养

---

[1] 参见教育部教发［2009］6 号文件：《教育部关于做好 2009 年全日制专业学位硕士研究生招生计划安排工作的通知》。

[2] 亓瑶：《专业学位研究生教育"双导师制"研究》，广西师范大学 2017 年硕士学位论文，第 7 页。

[3] 教育部教高［2012］4 号文件：《教育部关于全面提高高等教育质量的若干意见》。

力度，以校内导师指导为主，同时重视发挥校外导师的指导作用。根据专业学位研究生教育的特殊特点，组建相关领域的专家、知名学者组成一个导师团队共同指导研究生。[1]就法学研究生的导师制度来看，其对学生人生观与价值观的影响是深远的，其对学业技能与人生择业方向具有巨大的引导性。因而，坚持法学研究生的双导师制度，就是要在坚持这一方向的前提下，积极肯定其内在正向价值并予以良好的功能发挥。

目前，我国研究生培养主要采取教学、科研、实践相结合的模式，即产学研一体模式。无论研究生培养如何发展变迁，导师对研究生的学习科研生活始终具有毋庸置疑的指导作用。新时代应当有新挑战，法学研究生的扩招带来的问题就是：导师队伍不足、学生增加导致导师的指导精力不够；以及导师本身实践能力相对欠缺，不能满足研究生实践能力的培养要求。法学的核心使命是面向实践，没有实践内涵的法学教育必定是苍白乏力的，培养出来的人才也是难以被社会认同的。

基于此，法学专业学位的人才培养要求与培育目标决定了实践素养的重要性。实践思维的锻炼、对实践问题的关注与思考和实践技能的养成，不应该等学生从法学院校毕业之后才从头开始，而应该在法学教育阶段就要有意识地培育实践基因。影响法学研究生培养质量的因素无疑是多种多样，但基于导师在研究生培育方面的重要作用，理当重视导师队伍建设及其运行模式，因而在法学研究生的教育教学活动中引入“双导师制”就具有其必要性与科学性。

### （二）法学研究生双导师制度是法学教育实践面向的重要体现

所谓“双导师制度”，学界颇有争议。笔者以为，落实到法学研究生教育中，是指为一名法学研究生配备一类校内导师、一类校外导师，校内导师和校外导师共同协作对研究生进行综合培养的制度。其与传统导师制度最大的不同在于，校外导师精通实

---

[1] 教育部教研［2013］3号文件：《关于深入推进专业学位研究生培养模式改革的意见》。

务问题，可以参与到研究生的实践课程学习、论文写作、单位实习等多个环节中来，主要解决的是研究生培养与学校师资力量不够之间的矛盾。

“以教育活动为载体实现知识传承创新和人才培养是高校存在和发展的基本方式，遵循教育的发展规律、知识的发展规律和人的发展规律是高校内涵式发展的根本原则。”[1]人才培养不仅包括理论人才，也包括实务人才，高校的内涵发展要求重视人才的实践能力和素养，不可能仅仅依靠课本和传统单一教学模式实现人才培养的目标。这也是双导师制度的设立初衷。究其实质，双导师制倡导校内理论与校外实践相结合，强调教学与培养中的应用实践成分，旨在提高学生理论与实践相结合的能力，弥补校内导师纯理论教学与培养的不足。因此，双导师制中的“双”，确切讲是指理论与实践、校内与校外的“双向”或“两部分”或“两类”，并不是仅限定为“两名”，条件许可且符合成本效益原则的情况下，培养单位完全可以为一名研究生配备两名以上的校内导师和两名以上的校外导师。[2]2015 年，全国法律专业学位研究生教育指导委员会开始承担深化专业学位研究生教育综合改革试点工作。两年来，明确提出对导师的要求：一是进一步明确导师所属的法律硕士专业方向，增强导师对学生指导工作的科学性和针对性；二是优化校内导师队伍的性别、年龄、学缘、职称等结构；三是全面推行双导师制，明确双导师的主要工作职责；四是发挥校外导师在实践课程中的作用。[3]双导师制度的全面推广与完善提上日程，其核心仍然在于现实运转，只有通过有效的实践互动，双导师制度的价值与内涵才能充分发挥出来。

---

〔1〕 李元元:《深入推进高校内涵式发展》，载《光明日报》2013 年 7 月 20 日，第 7 版。

〔2〕 黄振中:《“双导师制”在法律硕士教学与培养中的完善与推广》，载《中国大学教学》2012 年第 2 期，第 27 页。

〔3〕 参见法律教育指导委员会: 2018 年 3 月文件《深化法律专业学位研究生教育综合改革经验做法》。

### （三）双导师制度的价值需要法学研究生培养模式中的多样化形式

根据前文对双导师制度的内涵定义，双导师制度需要校内校外两类导师对学生进行指导，广义上，双导师制度通过以下两种合作形式实现。

第一，校际导师合作。主要指与其他高校老师合作指导，研究生在读研期间，除了本校校内导师之外，通过学校提供的交流平台或自身申请，去国外或者其他大学学习，有了新的他校导师，使得研究生具有在不同大学、被不同导师指导的经历。例如，很多学校的暑期交流项目、与多国签订交换生协议，选拔优秀的在校研究生去往其他学校交换半年甚至一年。校际导师合作形式对研究生视野扩宽与能力培养具有重要意义。

第二，校内导师与实践导师合作。不同于校际导师合作，这种形式重视的是研究生的实践能力培养。校外导师专指具有丰富实践经验的优秀工作人员，主要指为学生同时指配一类校内导师、一类校外导师共同制定针对该生的培养方案、组织论文写作答辩、安排实践教育活动等。本文所讨论的双导师制度是指这里所提的校内导师与实践导师合作形式，即狭义的双导师制。这种形式使实践导师所在单位与学校的科研工作互相促进。实践导师所在单位没有处在科研一线及高层次人才的缺乏，往往无法有效完成科研课题。通过研究生的参与，也能够完成高标准、高质量的科研课题。反过来，实践导师也为研究生在论文选题、课程交流中提供实践经验及调查案例等，充分结合实务经验，提高研究生科研论文质量。

事实上，在 2009 年 3 月教育部下发文件之前，有些高校就已经实行了双导师制。有的实行“全员全程双导师制”，由培养单位统一聘请人民法院、人民检察院、司法行政部门、国家行政机关、企业、律师事务所、公证机构、仲裁机构等资深法律实务专家作为校外导师，在学生入学之初就为其配备一名校内专家、一名校外专家作为导师，导师采取双向选择的方式确定；有的实行

“全员半程双导师制”，校外导师仅在实践阶段和论文指导阶段参与指导培养；有的规定校外导师仅参与指导，一般不承担课堂教学任务；有的规定校外导师不仅要指导学生的应用实践、论文写作、就业规划，还要承担实务课教学。[1]

在此之后的法学研究生双导师制度实践中，校外导师主要是法院、检察院和律师队伍中的优秀从业者。然而，这也有些短板所在：因为法检系统、律师团队中的工作人员本就工作繁忙，要全身心地投入到法学研究生的指导工作中，存在着时间上的冲突与精力难以企及的困难。为了减少对其本职工作的影响，校外导师指导一般采用集体指导模式，即数个研究生或者全班几十个人配备一位校外导师，校外导师一般通过参与班会活动、开学前的集体会见等方式与学生见面，或者通过中期的学业交流、职业规划等形式，与所指导的学生进行沟通交流。因此，如何在现有的衔接互动机制中，开创新型的多元化形式，是挖掘双导师制度内在价值的关键所在。

### （四）双导师制度对法律硕士与学术硕士具有不同的价值倾向

众所周知，1995 年，我国法律硕士教育制度正式获批。[2]经过长达 23 年的发展，法律硕士教育制度不断演变，从最初的美国 J. D.（Juris Doctor）教育经验引入的借鉴背景，到归类为国内全日制专业硕士的设立背景，期间的磨合逐渐使其适应并扎根于我国的法学教育。2009 年，教育部决定通过扩招全日制专业学位硕士研究生以解决人才缺口的问题，适应各行各业日益增长的法律人才需要。自此开始，大部分专业学位硕士由以往的在职硕士转为全日制专业型学位硕士，与学术型学位硕士处于同一层次，发放双“证”，即学历证书和学位证书。[3]2010 年，国务院学位委

---

〔1〕 黄振中：《“双导师制”在法律硕士教学与培养中的完善与推广》，载《中国大学教学》2012 年第 2 期，第 27 页。

〔2〕 参见《关于设置法律硕士专业硕士学位的报告》（1995 年 4 月国务院学位委员会第十三次会议通过）。

〔3〕 参见教育部教发［2009］6 号文件：《教育部关于做好 2009 年全日制专业学位硕士研究生招生计划安排工作的通知》。

员会审批通过的硕士专业学位类别，全部可以纳入全国硕士研究生统一招生安排。[1]

法学研究生分为法律硕士与学术型硕士两种，这二者之间具有一定的差异性。法律硕士培养重点在实践能力培养与实务经验积累，上课形式与本科上课模式类似，主要集中在案例分析等实务方面；与之不同的是，学术型硕士重点在学术创新能力、科研创造能力、论文写作能力等方面的培养。就我校来看，学术型硕士的上课模式与本科有明显区别，侧重于对理论问题的研讨与思考，实践问题固然是研讨过程需要关注的重点，但实践问题的提出主要也是提炼理论中存在的问题并进行深入反思。直观来说，前者旨在培养实践性人才，后者旨在培养学术性人才。但两者共同之处在于，都是法学高层次人才的培养，都以锻造合格的法治人才为目标，都是为我国的法律事业所服务的。[2]

基于法律硕士与学术型硕士的培养目标差异，双导师制度在运行过程中，也应该正视两者的差异，区别制定运行方案，方可使双导师制度不违背法律硕士、学术型硕士设计初衷，在大的培养目标下发挥其优势作用。就此来说，法律硕士培养应是双导师制的发挥主场。其一，双导师制度的基本设计目标与法律硕士的培养方案目标是一致的，即实践性人才。其二，多数法律硕士基本只在学校内进行一年的课程学习，研二就要投入到实践当中，双导师制除了可以给予法律硕士更多的实践机会，如顶岗实习等；还可以为法律硕士提供丰富的实践经验和教育。其三，双导师制也是扩展法律硕士就业的重要途径。双导师制度培养学生综合利用所学知识解决实际问题的实践能力，以及人文素养、人际交往等方面。其四，双导师制使法律硕士将高校的理论成果更有效地应用于企业的产品开发，实现了“产、学、研”的有机结

〔1〕 黄宝印：《我国专业学位研究生教育发展的新时代》，载《学位与研究生教育》2010 年第 10 期，第 2 页。

〔2〕 参见孙昊亮、唐诗：《法律硕士研究生培养中双导师制的完善》，载《法学教育研究》2017 年第 2 期，第 249 页。

合，更好地适应了国家经济社会发展对高层次、多类型人才的需要。

相较之下，学术型法学硕士的实践要求就要比法律硕士低一些，主要培养学术型人才。近年来，高校的学术型硕士毕业之后从事实务工作的也日渐增多，但这不能否定学术型法学硕士与法律硕士的差异，否则国家区别设置培养方案也就失去了意义。基于此，双导师制在学术型法学硕士培养中能发挥的作用就不太明显了。不可否认的是，学术型法学硕士也需要实践能力的培养，但这不是其重点所在，因而对实践性的要求也比法律硕士要小一些。但无论是哪一种类型的法学研究生，其培养都不可能脱离法治实践与综合素养的提升，因而尽管在具体的双导师制度中有所侧重，但是设置双导师制度在两种研究生培养中均有其现实意义。

## 二、法学研究生双导师制度运行的衔接互动问题

双导师制度的内涵已经得到明确，但单靠一句校内导师和校外导师合作培养的简单概述并不能解决实践中的具体操作问题。毋庸讳言，双导师制在实践中尚处于探索阶段，暴露出了一些亟待解决的问题，从近年实践看来，表现最突出也最关键的一个问题就是衔接互动不够甚至没有互动。这主要表现在两个方面：首先，法学研究生与双导师之间互动不够，尤其是与校外导师，缺乏行之有效的固定形式；其次，校内导师与校外导师几乎零交流，交流合力作用无法发挥。法学研究生与双导师衔接互动不到位会导致双导师制度的虚置，而校内外导师的合作交流无法及时进行又会严重影响双导师制度整体作用的发挥。

### （一）校外导师对法学研究生培养过程的参与度有限

笔者认为，双导师制度的设立目标是培养研究生，研究生本身在整个制度中应扮演着中心角色，那么研究生与双导师的衔接互动问题应当是整个制度发展的关键所在。

校外导师的来源渠道主要集中在法官、检察官、律师、企业

法律顾问等职业中，其中法官、检察官居多。但在法院、检察院、律所甚至高校，都没有对法官、检察官、律师等参与高校法学教育的权利和义务做出相应的规定，也并未制定任何的选拔标准。这就导致在实践过程中，有极度不愿意担任导师却被单位强行安排的，也有一人身兼多个单位导师而疲于应付的。而来自法官、检察官等职业的导师因为自身工作繁忙，更无暇尽到对学生的交流指导职责。

首先，校外导师几乎没有参与研究生的课堂教学活动。研究生的课程多分布在周一至周五，这与校外导师的上班时间正好重合，校外导师几乎不会参与研究生的专业课程研讨，不了解研究生的理论学习水平。其次，双导师制的选拔机制不完善又导致了高校研究生多个人共有一位校外导师，甚至整个班级几十个人配备一位校外导师。学生人数众多，校外导师更加无暇顾及，甚至连自己指导的学生都认不全。最后，研究生经常待在校园内，校外导师又几乎不在学校，即使有问题，学生第一个甚至唯一想到的老师仍然是自己的校内导师，这使得校外导师成了流于形式的虚职，发挥不了效用。

### （二）校外导师与学生的日常有效交流形式相对不足

2009年教育部文件指出：课程学习与实践课程要紧密衔接，课程学习主要在校内完成，实习、实践可以在现场或实习单位完成。建立健全校内外双导师制，以校内导师指导为主，校外导师参与实践过程、项目研究、课程与论文等多个环节的指导工作。吸收不同学科领域的专家、学者和实践领域有丰富经验的专业人员，共同承担专业学位研究生的培养工作。注重培养学生实践研究和创新能力，增长实际工作经验，缩短就业适应期限，提高学生专业素养及就业创业能力。[1]但该文件并未明确提出规范有效的教学形式，如今九年时间过去了，教育部也没有出台细化规范。各高校在校内校外导师的教学活动中，呈现出各自发挥的状

〔1〕 教育部文件教研［2009］1号：《关于做好全日制硕士专业学位研究生培养工作的若干意见》。

态，尤其是校外导师，没有统一的细则规范，不同高校校外导师的指导工作差异明显。

目前，校外导师的人事关系仍然隶属于该单位，高校聘任其为校外导师，但无法对校外导师进行实质的管理。高校本身也缺乏对校外导师教学活动的有效规范，更多规定只是宣誓性的，例如“为同学们答疑解惑，提供实践指导”等。如何答疑解惑，如何进行实践指导，校外导师如何进行教学指导活动，这些都没有细化的要求。单纯指望研究生自己主动联系校外导师是不可行的，固然，优秀的学生无论有没有制度都会为自身发展寻求资源最大化利用，但设计双导师制度是为了使益处惠及绝大部分研究生同学，才可能广泛地实现研究生培养目标。缺乏行之有效的制度，双导师制始终只是一个倡议，一个提法，一个陪衬，不可能发挥其功能作用。

### （三）法律硕士与学术型法学硕士的双导师制度具有混同性

法律硕士与学术型法学硕士作为两种不同的研究生类型，其内外差别仍然是客观存在的，因而在具体的培养模式中应当予以重视并体现出差异性。法律硕士与学术型法学硕士在培养目标上的差异，自然决定了在培养过程中有其不同的侧重点，两种不同类型的研究生需要有所界分，否则当下的这一分类就毫无意义可言。具体到双导师制度，尽管两种类型的研究生都有校内外导师的制度设置，但是在双导师制度的实践运行过程中，仍然要结合其不同的培养模式与培养目标进行制度上的差异化呈现。

具体说来，虽然学术型法学硕士也存在双导师制度，但与法律硕士相比存在以下特点：其一，理论性更为突出，学术型是其鲜明特征；其二，实践特色不是其第一要务，实践回应不是主要的关切点；其三，学术型更注重专业性的人才培养，专业特色更为浓厚。学术型法学硕士比法律硕士的存在延续时间更长久，其培养模式已经发展得较为成熟，校内导师在理论指导、论文写作等方面发挥主导性作用。就此来说，校内导师的主导地位，决定了校外导师的加入主要是对学术型法学硕士的培养起着辅助性作用，是以实践关注来映衬理论性问题为其旨趣。

因而，如果不考虑法律硕士与学术型法学硕士之间的差异性，只是基于便利操作上的考虑而使用同一运行模式下的双导师制度，就必然带来这一制度上的混同。因材施教、特色化教育是教育的本质所在，也是卓越法律人才的根本关切点，如果不考虑这些差异性的因素，具体制度的设置就会有失基准，所谓的法治教育就偏离了其核心特征，在针对性的把握与适用方面就必然是有所欠缺的。

### （四）校内外导师的合作互动尚未得以显性化的体现

研究生教育创新是一个动态的过程，双导师制实现了导师之间、师生之间和教育资源之间的优化组合。[1]双导师制的设计目的是在每位研究生的培养过程中，校内外导师全程参与，但在每位法学研究生的不同培养阶段，校内外导师发挥的作用又应当各有侧重，这是一个动态的、有机统一的整体。这就需要校内校外导师正面直接的合作交流，而不能单通过被指导的研究生进行间接交流。

首先，校内外导师的教学任务并未事先沟通，缺少明确划分，在法学研究生的课堂教学、应用研究、专业实习、毕业论文撰写等各环节中应承担的最基本责任并不十分明确。[2]虽然有校内导师进行理论指导，校外导师进行实践指导，但是理论与实践并不是孤立的，理论指导、实践指导的程度应如何，交融贯彻的部分该如何平衡，各高校未能进行合理分配。尤其是法律硕士毕业考核方面，校内外导师的合作未能协调其权重。《法律硕士专业学位研究生指导性培养方案》对于如何考核法律硕士研究生以及考核的标准是什么，并没有明确的规定。因此，在这种情况之下，各大高校及培养单位有了较大的自主决定权，考核标准各种

---

〔1〕 吕伟：《教育创新视角下的研究生双导师制解读》，载《沈阳航空工业学院学报》2009年第6期，第130页。

〔2〕 何潇：《法律硕士专业学位研究生双导师机制研究》，载《高教学刊》2015年第3期，第33页。

各样，考核形式五花八门。由于缺乏统一的规范与标准，实际操作上具有较大的随意性，考核的质量也不容乐观，这给法律硕士的职业培养造成了很大的困扰。[1]部分学校采法律硕士与学术型法学硕士同样的标准，这就导致在学术论文为重头戏的前提下，校外导师的功能发挥被局限了。

其次，校内校外导师鲜少交流，沟通无法及时到位。双导师制的实现需要校内校外导师的共同合作。在个性化教学中，需要针对不同研究生制定不同培养方案和培养方向，并且要及时调整方案不合理之处。除此之外，在平常的教学指导活动中，校内校外导师的沟通交流还能有效避免重复教学内容等问题。

## 三、法学研究生双导师制度衔接互动的完善路径

双导师制度的衔接互动是双导师制的重点问题，如果与教育部设立双导师制的基本精神衔接恰当、校内外导师及研究生三方之间互动交流到位，那么双导师制就能在实践中真正发挥其该有作用，助力实现法学硕士人才培养目标。针对前述双导师制度存在的衔接互动问题，笔者主要提出以下四种完善路径。

### （一）严格筛选和考核校外导师

双导师制要体现出以研究生为中心，以实现培养目标为导向，需要以学生为本，重点加强学生与校内校外导师的良性互动。要落实双导师制，高校首先需要将双导师制作为研究生培养的强制性规范，且明确规定校外导师参与研究生教学的权利及义务。形成法官、检察官、律师担任校外导师的考评奖励办法，鼓励更多实务人才加入校外导师队伍；发挥法官协会、检察官协会、律师协会的协助管理作用，建立一套选拔校外导师的有效机制。

一般情况下，一名合格的导师应具备四项基本素质，即有专业技术职务、有稳定的研究方向、有切实的指导能力和熟悉研究

---

〔1〕 孙昊亮、唐诗：《法律硕士研究生培养中双导师制的完善》，载《法学教育研究》2017年第2期，第256页。

生培养规律。[1]在筛选校外导师的过程中，高校应当制定一套完备的体制。例如，可以由校外导师主动提出申请，自愿担任；也可以由学科根据教学所需，提出初选人员之后，由学院严格审核之后予以通过，并正式下达聘书，宣布他们的工作职责与受聘期限。筛选条件需要有一定的硬性要求，应当包括在法律实务部门的工作年限、受教育程度、工作成绩、办理过的重大实务案件等方面，根据学生的需求与实践发展动态情形，予以一定程度的灵活调整。

需要加强对校外导师的管理，激励校外导师尽职尽责地完成对研究生的指导工作。通过加强中间过程的管理，让校外导师名实相符，而不仅仅停留于形式的名誉层面。对此，高校应当双管齐下：其一，提高校外导师参与研究生培养的积极性。积极配置培养经费，增加经费投入，校外导师的薪酬与其教学指标完成度严密挂钩；提倡鼓励校外导师积极从事研究生指导工作，为优秀校外导师授予荣誉称号，进行中期考核与聘期结束时的学生考评。其二，促进学生积极主动与校外导师沟通。为校内、校外导师与学生之间的双向交流确定指标，将校内外导师的教学协作交流作为补充，制定出一套校外导师的考核监督体系。通过制度完善的方式，促进研究生与校外导师积极交流，为法学研究生获取相关的实务信息增加推力。在此过程中，让学生积极地找校外导师答疑解惑，而不是被动性等待导师的帮扶。

校内外导师之间的默契配合，是双导师制发挥作用的重要条件，不可偏颇。校内导师应积极负责与校外导师的日常工作联系，帮助校外导师协调共同培养的相关事宜。校内外导师的交流形式可以考虑以教学活动、项目合作交流为主，另外，定期的见面交流也是有效的沟通形式。以上内容形成书面文件以后，保障其实施需要一道有效屏障：考核监督机制。笔者认为，可以考虑从以下两方面着手：其一，对于校内导师，不仅要考评其日常的

---

〔1〕 周红康：《双导师制：创新型研究生培养的新机制》，载《学位与研究生教育》2006年第5期，第93页。

教学工作量和科研量，还要将校内导师与校外导师的合作交流、开设学术讲座，以及对法学研究生的指导时间、次数等纳入考量指标；其二，将校外导师也纳入学校的导师管理体系进行常态化考核与管理，定期对校外导师的资质进行审核，并对校外导师指导学生的情况进行评估，实行淘汰制。[1]通过有进有出的良好机制，促进双导师制度逐渐走上正轨，而不是停留于原有的静态虚化层面。

### （二）规范校外导师与学生的互动形式

法学硕士的培养经过了较长的发展时期，校内导师对研究生的培养模式已经几乎固定下来，各个高校对校内导师的管理也趋于成熟，在研究生的课堂教学、科研项目、论文写作等各个环节都充分参与了指导，还可以通过定期读书会的形式与研究生充分交流，高校对校内导师的指导活动也有规范的考核标准。校内导师的培养模式经过沉淀已经日渐完善；相较之下，校外导师作为一种新型培养方式，发展历史较短，互动衔接环节存在较大问题。

笔者认为，校外导师的作用应当重点发挥在实践教学中。特别是对法律硕士的培养方面，更应当从实务出发。具体来讲，主要包括以下七个方面：其一，校外导师参与到高校研究生培养方案的制订中来，主要设计研究生的实践环节，对研究生实践教学作出评估监督，保障其实践质量；其二，校外导师参与研究生课堂教学，充分结合理论与实践，介绍实务中的案例，分析实践处理经验的缘由以及与理论的差异所在，可以进一步开设案例分析、法律思维培养等针对实务的课程；其三，高校对校外导师组织定期的集中教学培训，有利于提高校外导师教学质量，构建一支一流的校外导师队伍；其四，高校应灵活规定校外导师与学生交流的次数、形式，并将其放到对校外导师的考核之中；其五，校外导师应结合研究生的就业规划等对学生的实务操作能力定期

---

〔1〕 参见王焱等：《全日制专业学位研究生双导师制建设的探索和实践——以河海大学为例》，载《研究生教育研究》2015 年第 6 期，第 75 页。

作出评价。有问题早发现早纠正，也利于法律硕士的实务能力培养；其六，校内外导师严格参与法学研究生的毕业论文答辩；其七，校外导师发挥优势，充分利用社会资源，协助高校的就业指导工作，做好高校毕业生就业推荐工作。[1]以上建议都应当由高校制定具体的实施细则规范下来，并形成有效力的书面文件传达给校内外导师。

## （三）区别制定法律硕士与学术硕士的双导师模式

在双导师制度的实践运行中，不同类型的研究生的区别在双导师制中并未体现出来，这在相当程度上也减损了双导师制度的实效。法律硕士与学术硕士配备的校外导师数量大致相当，且在本就很少的指导活动中与学术硕士并无差异，名义上都是双导师制度，但是，客观实际上的良好效果却并未彰显出来。长此以往，双导师制度此种抹杀个性化培养方案的弊端，必然也将掩盖自身的积极功能而最终被否定掉。双导师制度应当基于法学研究生不同培养模式的侧重点，在究竟是回应实践还是反思实践上有所侧重，通过对不同类型研究生的界分而在培养方案上有差异化的体现。正是基于此，改变法律硕士与学术型法学硕士笼统适用同一双导师制模式的现状，在具体的制度设计方面，区别化、个性化、有侧重地制定不同方案就是必要的。

笔者建议，可以考虑从以下角度作区分：针对法学硕士，双导师制度的作用侧重于研究生学术能力的提升与学术创新能力的培养，由校外导师引导，反思实践中案件处理的局限性所在，揭示和归纳其中的问题；由校内导师指导，进行进一步的法理研究、学术前沿探寻与创新制度的探索，以提升学生学术研究方面的综合能力。与之不同的是，针对法律硕士，双导师制度的作用侧重于具体领域的实务操作与实践衔接上，由校外导师引导，根据现有法律，将法律逻辑应用到生活逻辑中进行复合问题的法律适用，由校内导师指导，增强学生的法学专业素养，提供思考问

〔1〕 参见黄振中：《“双导师制”在法律硕士教学与培养中的完善与推广》，载《中国大学教学》2012年第2期，第30页。

题的切入点，使学生学会以更为协调的方式化解社会纠纷。[1]在现实区分的基础上，校外导师的实践指导功能在法律硕士与法学硕士之间都得到了充分发挥，而且在各取所需的前提下也基本实现了设置校外导师的初衷，极大程度呼应了不同类型研究生培养的目标追求。

**（四）实现校内外导师之间的联动协作**

校内外导师的充分沟通协作有利于促进双导师制的优化发展，还有利于双导师制功能的最大发挥。校内校外导师应当树立协同合作意识，明确自身岗位职责。强调校内校外导师要以学生为中心。各高校强调“校内导师为主，校外导师为辅”的地位界定，也有部分学者提出校外导师主要发挥辅助作用。[2]笔者认为，这种不考虑实际情形的粗略设定，仍然不具有科学性。

首先，除了上文提到的区分法律硕士与法学硕士中校外导师的地位之外，学校仍然需要时时以学生为中心来进行侧重点设置，还应当结合该生的本科履历、知识能力水平和职业规划等方面，有针对性地制定培养方案和双导师的配置。而在制定每位学生的培养目标过程中，需要依照此目标合理定位，划分校内导师与校外导师的侧重点所在。有读博意向的研究生由校内导师重点指导，有明确清晰职业规划的研究生由校外导师主抓其实践能力培养。其次，在培养方案的课程设置、时间安排、课程形式等宏观设计问题上也需要校内外导师的共同协作，合理分配理论与实践指导的比重，调动理论与实践互动，实现二者之间的有效回应。最后，在法学研究生的考核中也要由校内外导师同时考核评估，校内校外导师分别从理论和实践角度评估学生真实水平，共同分析学生培养存在的问题，共同及时解决问题。需要特别注意的是，在论文的写作中，不单单只是校内导师指导，还需要校外

---

〔1〕 孙昊亮、唐诗：《法律硕士研究生培养中双导师制的完善》，载《法学教育研究》2017 年第 2 期，第 251 页。

〔2〕 参见周红康：《双导师制：创新型研究生培养的新机制》，载《学位与研究生教育》2006 年第 5 期，第 91 页。

导师从实践角度评估论文的整体价值，为其提供更具针对性与实践性的素材，以辅助其完成一篇优秀的毕业论文。

高校应主动建立校内校外导师之间的反馈交流渠道，注重双师互通与学生信息共享。一方面，使校外导师可以及时向高校反馈学生的实践情况以及对研究生管理的问题和建议；另一方面，高校也可以实现校内校外导师的信息共享，促进校内校外导师课题的完成。校内校外导师交流能在指导结构上避免研究生培养过程中出现的理论与实践分离现象，对完成复合型法治人才的培养具有重大意义。〔1〕通过多平台多渠道的方式，在校内外导师与研究生之间提供多点多面的接触，为其沟通交流提供现实可能，丰富课堂内外的教学活动，把双导师制度衍生到研究生培养的整个过程之中，真正实现双导师制度在法学研究生培养中的现实价值。

## 四、结语

方流芳教授曾经说过："1949年之后，中国法学教育和法律职业间出现断裂。法学教育和法律职业还是没有什么关系。"〔2〕尽管这一陈述并不一定客观贴切，但其实实在在地指出了法学教育需要与法律职业建立密切关联的意蕴。就此来说，双导师制度就是解决该问题的一剂良方，剩下的问题则是该如何发挥双导师制度的价值，为我们当下的法学研究生培养模式注入更多的实践理性。当下的法学研究生双导师制度具有优越性，但尚处在探索阶段，理论上双导师制度已经获得广泛认可，但在实践中仍然缺乏完善统一的体系化规范。要使双导师制度落到实处发挥作用，就要从学生、校内导师、校外导师三方出发，打造三位一体的教学管理模式，妥善设计三方间衔接互动模式，完善双导师制的实践规范，实现产学研相结合的教育运行模式，勾连法学理论与法治实践。

---

〔1〕 参见曹二磊、张立昌：《全日制专业学位研究生教育"双导师制"问题研究》，载《教育探索》2015年第8期，第75页。

〔2〕 方流芳：《追问法学教育》，载《中国法学》2008年第6期，第14页。

# 论法学本科教育教学中的粗放化问题及其解决[*]

## ——以应用型法律人才培养为出发点

◎杜健荣[**]

**摘　要：**法学本科人才培养质量难以有效提升的原因，不仅在于改革措施的不完善，更在于现有措施在实践中由于粗放化的导向而未得到有效实施。粗放化作为一个整体性问题广泛存在于法学本科人才培养要求的设置、课程体系安排、教学方法运用、实践教学管理、对学生的考核评价等方面。为了实现应用型法律人才的培养目标，应当以精细化为理念引领法学本科教育教学新模式的建设，采取多种方式逐渐克服粗放化问题，并以此为契机推动法学教育的整体性变革。

**关键词：**法学教育　应用型人才　粗放　精细

### 一、问题的提出

在过去的十余年中，我国法学教育界逐渐形成了一

---

* 本文系云南大学2017年度教育教学改革研究项目“卓越法律人才培养的现状、问题及改革措施研究”（项目号：2017Y01）的阶段性成果。

** 杜健荣，男，云南大学法学院讲师，法学博士。

个基本的共识：作为法学教育的主体和基础，法学本科教育应当以应用型法律人才的培养作为主要目标。这一定位既是对长期以来法学教育中存在的“重理论、轻实践”偏差的校正，也是对全面依法治国工作不断推进而产生的大量实务人才需求的回应。为了实现这个目标，教育部联合中央政法委于2012年出台了“卓越法律人才教育培养计划”，在该计划的引领和推动之下，各高校的法学院系积极参与到法学教育改革当中，并采取了一系列的改革措施。

经过数年建设，传统法学教育教学模式一定程度上发生了改变，但是改革成效尚不明显，主要表现为人才培养质量提升不足，毕业生实际能力与改革预期之间仍然存在较大差距。这一状况首先体现在社会对法学专业毕业生的能力评价上。有论者总结道：“用人单位对我们培养的人才有一种评价是：知道甚至可以背诵法律条文，但对怎样把它们用于法律实务不清楚；了解教科书讲述的道理甚至可以背诵课文的某些段落，但对怎样用它们来解释现实生活中的事务不明白。”〔1〕其实质是“法科学生法律技能的训练缺乏，导致法科毕业生到实务部门工作时，眼高手低，动手能力不强。”〔2〕除了用人单位评价不高以外，法学本科毕业生的自我评价也不乐观：首先，许多学生对于自己是否能够熟练运用所学法律知识解决实际问题并无自信；其次，人才培养质量状况也反映在就业率上。近年来法学专业学生就业率持续低迷，已经成为就业最为困难的专业之一。虽然我们知道就业率受多方面因素的影响，例如总体的供求比、毕业生就业意向等，但也应当注意到，法学教育质量及由此决定的毕业生质量也是影响就业率的重要因素，甚至是根本性的影响因素。〔3〕上述情况表明，有必要从提升人才培养质量的角度来反思改革中存在的种种不足。

---

〔1〕 徐祥民：《建立专门导师队伍　提高法律实践课教学质量》，载《中国大学教学》2017年第6期。

〔2〕 王新清：《论法学教育“内涵式发展”的必由之路——解决我国当前法学教育的主要矛盾》，载《中国青年社会科学》2018年第1期。

〔3〕 廖永安、段明：《中国法学教育的供给侧改革》，载《湖南社会科学》2017年第4期。

这种反思可以归结为一个直接的问题：为什么诸多改革措施未能获得显著提升人才培养质量的效果？常见的解释是当前采取的某些措施还不够成熟完善，与应用型人才培养的对应性不足。但这种解释的说服力很有限，在改革措施已经经过诸多实验和论证的情况下，更值得重视的解释是现有改革措施因为“重设计，轻实施”的倾向而没有得到有效落实，从而制约了效果的实现。实际上，这个问题长期以来都是法学教育改革中的沉疴痼疾，在新的时期，它突出表现为在改革措施的实施和操作过程中广泛存在的“粗放化”导向。与过去在通常意义上使用的以规模上的粗放所代表的“放任”（extencesive）这一含义相比，教育教学过程中的粗放意味着“粗糙”（coarse）或是“粗略豪放”，与“精细”、“细致”等概念相对应，主要指在法学教育教学的各主要环节中缺乏科学设计、精密安排、严格操作，而普遍存在随意、松散、大而化之的状况。这种状况与不断提高的人才培养目标形成鲜明的反差，也引起了一些研究者的关注[1]，但既有研究主要针对的是法学教育的某个具体方面，且偏重于实体性对策、举措的建构，并未围绕粗放化这一主题进行深入的总结与论述，也没有针对此问题提出明确的应对建议。可以说，粗放化作为法学本科教育教学中的一个整体性问题还没有得到充分的认知与重视，因而还需要专门的研究来加以分析和解决。

## 二、法学本科教育教学中粗放化问题的表现

可以说，粗放化问题的凸显，与法学本科人才培养目标的转变有关。与理论型人才相比，应用型人才不仅要具备理论基础，

---

〔1〕 相关文献可参见何美欢：《理想的专业法学教育》，清华大学出版社2016年版；葛云松：《法学教育的理想》，载《中外法学》2014年第2期；王晨光：《卓越法律人才培养计划的实施——法学教育目标设定、课程设计与教学安排刍议》，载《中国大学教学》2013年第3期；蒋志如：《试论法学教育中教师应当教授的基本内容》，载《河北法学》2017年第2期；李喆：《法学专业学生实践教学的困境与出路研究》，载《法学杂志》2014年第9期；白硕：《法治中国语境下的法学本科实践教学困境与突破》，载王瀚主编：《法学教育研究》（第16卷），法律出版社2017年版等。

还要掌握复杂的实务技能，而实务技能的培养要求较之前更为细致的操作：首先，它要求更高的个体针对性。法律实务技能的养成是从认知到实践的转化，而不同个体在这种转化中的表现差异较大，因而必须针对具体情况加以辅导。其次，它要求更强的科学性。法律技能是一个复杂的整体，各项具体技能之间存在相互依赖、由易到难、由简单到复杂的逻辑顺序，因此其训练方法和环节就需要根据法律实践规律及教育科学原理加以严密设计。最后，它要求更充分的过程性。法律实务技能的养成不可能一蹴而就，必须要在一个相对较长的时间段内逐渐养成，这意味着要更加注重在日常教育教学中的训练。如果以上述要求为标准，将法学教育教学分解为培养要求设定—课程体系设置—教学方法运用—实践教学管理—对学生的考核评价等一系列具体环节进行对比观察，则可以发现，在各个环节中都存在与上述要求不相匹配的粗放化问题：

### （一）人才培养要求设定的粗放化

对于法学教育来说，人才培养目标是教育教学工作开展的方向性指引，而培养要求则是对为了实现培养目标而需要掌握的知识和技能的具体表达，同时也是衡量培养目标是否实现的评价标准。在培养目标从理论型人才向应用型人才转变的大背景下，法学本科人才培养要求的更新显得十分重要，但是通过对各法学院系培养要求的观察不难发现，其在整体上表述简单粗糙，缺乏必要的科学性：首先，培养要求与培养目标对应不够。从理论上说，培养要求与培养目标之间应该有紧密的对应关系，然而实际状况却并非如此。这一方面表现为某些重要内容的缺失，例如对应用型法律人才来说，法律职业伦理应当是必须具备的重要素质，但是已有研究指出，在41所知名高校法学院的培养计划中，仅有16所高校阐明了法律职业伦理的具体内容和要求，所占比例仅为39.02%；[1]另一方面，一些与法律人才特质无关的内容

〔1〕 刘坤轮：《我国法律职业伦理紧迫性考察》，载许身健主编：《法律职业伦理论丛》（第2卷），知识产权出版社2015年版，第114页。

又频频出现在要求当中，例如外语水平、计算机能力、身体状况等，模糊了专业素质与通用素质的界限。其次，培养要求内容具体化程度不高。主要表现为表述不精确、不确定概念使用较多，例如常见的“较强”“良好”“熟悉”等概念内涵不清，难以建立明确的判断标准；同时，也有一些要求表述抽象，缺乏具体内容，例如“了解法治建设的基本动态”“具有执法的基本能力”等，让人无从把握这些要求所指为何。最后，培养要求的可实现性不足。培养要求的设定不仅应当具体，而且应当具有切实的可实现性，而一些法学院系的要求设定过高，超出了其自身教育教学能力所能够达到的高度。这种未经审慎计划和评估而设定的培养要求，不仅难以对人才培养具体工作起到有效的指引作用，也在一定程度上加剧了培养效果与目标之间的背离。

### （二）课程体系设置的粗放化

课程体系是当前法学教育改革的重点内容之一，已采取的措施包括增加实践课程比重、丰富课程类型、调整课程科目等，这种思路本身没有问题，但是仅注意到这一方面显然也还不够充分，因为课程体系的优化不仅在于其内容的充实，还在于配置的合理，特别是当课程科目较之从前发生较大改变时，更加需要对课程体系进行重新安排。但是目前在法学专业课程体系设置中还存在许多不符合应用型法律人才培养科学性、过程性要求的情况：首先，课程设置与培养要求匹配不足。培养要求需要通过各培养环节和培养手段来实现，但是从课程设置看，二者之间的关联性尚未得到有效体现，反而存在不少相互脱离、各自为政的现象，例如很多高校在培养要求中将写作能力和表达能力作为重要内容，但是真正开设足够的相应课程训练这些能力的法学院系却只是少数，这说明课程并没有严格按照培养要求来设计。其次，课程排序不合理。课程体系在设置时不注重逻辑性和关联性也是一个常见的问题，在专业选修课板块中，受“重必修、轻选修”观念的影响，科目设置和学期安排的随意性问题较为明显，一些课程“哪里不够往哪凑”，课程计划频繁变动，具有较明显的不稳定性。

实践课程也存在类似的问题，主要表现为“每个阶段实践课程比较单一，法律实践课程与理论课程设置、法律实践课程之间缺乏衔接，在学生从认知到实战实践能力提升过程中，没有形成递进性、阶段性实践课程模块，模块内未形成实践课程群。”[1]最后，课程之间的关联与分类不明确。各类型课程之间的对应关系没有得到足够的重视，选修课、实践课没有根据与核心课程的关联来进行选择和排列，也没有以群组化的分类方式对核心课程进行支撑，即便是那些选修课程占比较高的法学院系，也未对选修课体系进行充分的结构性安排，而仅仅以“公法/私法”“理论/实践”为标准进行简单划分，使得学生在选课时因为缺乏对知识的体系化认知而出现选择混乱，无法充分发挥选修课、实践课对核心知识和技能的拓展与巩固作用。

### （三）教学方法的粗放化

对于法律人才的培养来说，如何充分有效地运用各种教学方法也十分重要，这在很大程度上决定了学生获取知识的效率和效果。而当前法学本科教育对各种教学方法的运用尚不能满足个体性、科学性及过程性要求，较为明显地反映了粗放化的问题：首先，课堂教学对学生的个体性关注不够。在近年来的改革中，以案例教学法为代表的一些新方法被广泛引入法学本科教育当中，部分改变了过去大班授课“满堂灌”的方式，但在很多情况下，“仍然是以理论化的话语在上小班课，或是由教师主导分析案例的案例课，因此教学方法的改革往往停留在表面的形式上，并没有从实质上改变老师主导和学生被动听课的局面”。[2]这说明，即使采用了新的教学方法，如果教师关心的还是课程进度的完成和知识点的传授等老问题，而没有借助新方法积极展开提问、讨论与练习，通过对学生具体学习情况的考察进行有针对性的指

〔1〕 白硕：《法治中国语境下的法学本科实践教学困境与突破》，载王瀚主编：《法学教育研究》（第16卷），法律出版社2017年版，第175页。

〔2〕 王晨光：《卓越法律人才培养计划的实施——法学教育目标设定、课程设计与教学安排刍议》，载《中国大学教学》2013年第3期。

导，仍然只可能传输一些基础知识，而无法锻炼学生的能力。其次，学校对学习任务安排不足。从日常学习状态来看，法学专业学生的学习任务饱和度明显不足，法学专业课程缺少课外任务——如预先阅读和课后练习——这是一种常见状态。根据笔者观察，法学院教师很少布置作业，或者布置了也很少检查或批改。对于大多数学生而言，这种状况造成了其对知识掌握的不牢固，因为仅仅依赖课堂学习难以形成深刻的印象并转化为自身的能力。最后，师生课外交流互动不足。教育学研究表明，师生之间的交流越多，学生对知识的掌握程度越高，但是这一原理在法学本科教育中尚未受到充分重视，法学专业师生交流度低已经成为一个严重的问题。根据麦可思研究院的最新调查，在本科各学科门类中，法学专业学生与任课教师课下交流“每周至少一次”和“每月至少一次”的频率仅为40%，远低于文学专业的57%，仅高于医学的34%。[1]这种状况加剧了因前两个方面的问题而造成的后果，因而教学质量更加难以提升。

### （四）实践教学管理的粗放化

对于提升法学专业学生的实务技能而言，实践教学具有不可替代的作用。近年来，在卓越法律人才教育培养计划的推动下，法学专业的实践教学受到了更多的重视，具体表现为新建校外实践基地、选聘实务部门导师、延长实习实训时间等。但是也应该看到，实践教学目前的开展状况与应用型人才培养所强调的针对性和科学性等要求存在差距，同样呈现出粗放化的状态：首先，实训课程的运作机制不成熟。模拟法庭、法律诊所、法律援助等实训环节的加强有助于提升法学专业学生的实务技能，但是在很多法学院系中，尚未围绕这些环节形成一套行之有效的活动规则，导致其由于前期准备不充分、教师介入不足、缺乏有效的组织与引导而发生异化，如模拟法庭等课程就因为没有厘清“表演”与“训练”、“课外活动”与“教学环节”之间的差别而沦

---

〔1〕 麦可思研究院编著：《2017年中国本科生就业报告》，社会科学文献出版社2017年版，第171页。

为一种学生自娱自乐的活动。[1]其次，学校对专业实习的过程控制不足。虽然专业实习对于应用型人才培养的重要性已经获得普遍认同，但是许多法学院系的实习过程却显得松散随意，学生在实习中未得到校内校外导师的有效指导，学校对其日常表现也缺少评估和控制。造成这种状况的原因主要在于管理乏力：对法学院系来说，由于学生脱离了学校这个教学场所，管理难度相应提高，因此学校管理的积极性和主动性也就随之降低；对于实习单位而言，虽然也对学生负有管理职责，但由于职责规定不清晰，所以在实习计划的制定及实施上显得不够积极，对实习学生的要求也不高。这种状况造成许多实习中的乱象，严重损害了专业实习的价值。

### （五）对学生考核评价的粗放化

对学生学习状况的考核评价是教育教学中的重要环节，它不仅能够反映人才培养质量，同时也有助于引导、促进教师的教学和学生的学习。一直以来，各法学院系有一套基本相似的考核评价标准，在新的人才培养目标下，这套标准无论从内容上还是实际操作上都显示出科学性和过程性不足的问题：首先，现有评价标准合理化程度不高。现行的评价体系主要包括平时成绩、期中成绩和期末成绩三项考核指标，再按相应比例折算出综合成绩，这套方法存在的问题主要是平时成绩占比太低，课程成绩评定过分偏重考试表现，忽略了对学生日常学习表现的考量。从过程性角度看，10% -20%的占比不足以突出“过程”对于知识掌握及技能练习的重要性，同时，由于对“平时成绩”的理解存在偏差，教师通常很少将学生在课堂上发言或参与讨论的表现计入成绩，在评定成绩时要么仅依据到课率，要么几乎没有依据，这种评价方式不仅无法全面客观反映学生的学习状况，还会导致学生忽视日常的课堂参与。其次，考核评价的严格性不足。由于多方面的原因，在法学本科教育教学中对学生的考核评价尺度较松，

---

[1] 许身健：《卓越法律人才教育培养计划之反思与重塑》，载《交大法学》2016年第3期。

一个典型的例子是毕业论文的考核。虽然各法学院系都对毕业论文的质量设定了明确的标准，但是因为考虑就业等因素，这些标准基本上没有得到严格的执行，一些质量较低的论文也都能获得通过。这些状况的存在，使得论文作为衡量人才培养质量重要标尺的考核评价无法起到应有的作用，将人才培养的最后一道防线消解于无形，人才培养质量更加难以保障。

从上文的分析可以看出，粗放化现象贯穿于整个法学本科教育教学全过程，这是一个具有普遍性和整体性的问题。这一问题的存在对于人才培养质量的提升具有明显的阻滞作用，它不仅使各项改革措施的效果淡化，而且造成了整个培养过程及质量的不可控。如果这个问题得不到解决，那么无论改革思路和其他方面的措施多么先进，都难以真正得到落实并发挥作用。可以说，解决粗放化问题是当前法学教育改革的当务之急。

## 三、精细化：法学本科教育教学中粗放化问题的解决路径

那么，应当如何解决粗放化问题？在笔者看来，根本的出路在于以精细化为指引对法学本科教育教学模式加以重塑。[1]“精细化”这一概念来自企业管理，近年来在高等教育领域，特别是思想政治教育领域得到了较多重视。它主要是指“按照精、准、细、严的原则，以标准化、细致化、协同化、严格化、人性化的思路，通过充分整合各种资源来强化协作达到提高工作效率、提升服务质量、实现任务目标的管理理念”。[2]对于法学教育而言，精细化首先应该是一种理念，它代表了在教育教学过程中对细节和质量的不懈追求；同时，它也是一套标准，主要体现为本文第二部分所列举的针对性、科学性及过程性等要素的结合。只有将

---

〔1〕 实际上，教育主管机关也注意到了当前粗放化情况下各法学院系教学质量良莠不齐的问题，并于2018年4月发布了《普通高等学校法学类本科专业教学质量国家标准》，对各教学环节提出了一些新的要求。该标准的出台有助于规范实践中的各项操作，但由于其只是“基础性标准”，因此尚不能满足有效解决粗放化问题的需要。

〔2〕 范迎波：《从粗放型到精细化：大学生思想政治理论教育创新的逻辑》，载《云南行政学院学报》2017年第4期。

精细化理念贯穿到法学教育教学的各个环节当中，并建立起符合精细化要求的行动模式和评价标准，才有可能真正克服粗放化的倾向。基于前文的分析，目前法学教育需要在精细化方面进行改革的内容主要包括：

## （一）人才培养要求设定的精细化

对于人才培养要求的粗放化，主要的解决思路是：结合人才培养目标尽可能将其做合理化及细致化的处理。首先，是加强培养要求的针对性。对于前文提及的内容缺失和内容泛化同时存在的问题，可以考虑将培养要求分成两类：一类是当代大学毕业生所应当达到的一般性要求，例如外语、计算机、体育等；另一类则是法学专业的特殊要求，这部分内容应当严格围绕应用型法律人才的培养展开，凸显专业基础知识和实务操作技能方面的特点，使培养要求能够与培养目标更好地结合起来。其次，是提高培养要求内容的明确性。从国外经验看，各法治发达国家在法学教育中都对人才培养提出了细致的标准或要求。在美国，有多个机构都开列了法律人才培养的能力清单，虽然这些要求不尽相同，但都具有务实性和全面性的特点。例如美国律师协会（ABA）法学教育部在1992年发布的《法学教育与职业发展——一种教育上的连续统一体》报告中对法律人才培养提出了10项要求，涵盖了理论基础、实务技能及职业伦理等多个方面；[1]在英国，高等教育质量保证署（QAA）2015年新修订的法学专业《学科基准声明》也要求法学本科毕业生至少具备12项技能和心理素质。[2]我国的法学院系应该借鉴这些经验，在确定人才培养要求时，将标准尽可能详尽地列举出来，避免使用指向不明确的形容词，例如对“具备基本的执法能力”这一要求，就应该通过

---

〔1〕 Legal Education and Professional Development-An Educational Continuum (1992), http://www.americanbar.org/content/dam/aba/publications/misc/legal_education/2013_legal_education_and_professional_development_maccrate_report). authcheckdam.pdf.

〔2〕 Sbuject Benchmark Statement: Law (2015), http://dera.ioe.ac.uk/23774/，最后访问日期：2018年3月10日。

分类的方式将执法能力包括哪些方面解释清楚。虽然培养要求不可能列举所有内容，但是适当的详细化有利于更好地设计教学计划、安排教学内容，使培养要求更有可能得到落实。最后，是加强要求的可实现性。人才培养要求必须“可行”，这意味着不能简单套用国外的标准，也不能好高骛远地任意发挥，而是必须充分考虑各法学院系本身的培养能力和特色，摈弃那些不切实际的“大词”，在具有实现可能性的范围内进行设定，使培养要求能够真正成为连接培养目标与教育教学工作的桥梁和纽带。

### （二）课程体系安排的精细化

从理想状态来说，精细化的课程体系应该是一个有机整体，各门课程之间相互联系、相互支撑，课程各个板块应当配比恰当、分组合理。为了实现这一目标，目前还有以下三方面的工作需要开展：首先，是加强课程设置与人才培养目标及要求之间的对应性。为了实现培养目标，应当将培养要求均衡地分配到课程体系中，过去的做法偏重理论基础与理论课程，在新的环境中应当强调课程对实务技能养成的支撑作用，这意味着要围绕技能训练设计相应的课程模块。其次，是提高课程排序的合理性。由于法学专业知识、技能上的关联性和渐进性，合理安排课程顺序对于课程体系的精细化具有重要意义。何美欢教授早已指出：“无结构的课程的实践有百弊而无一利。”[1]从这个意义上说，无论是核心课程、选修课程还是实践课程，都应该根据课程内容、难易程度、关联性等因素将各门课程有机地联系起来，从而使学生的知识结构更为完整、扎实。最后，是优化课程的群组整合。新出台的《普通高等学校法学类本科专业教学质量国家标准》明确提出：“专业选修课程应当与专业必修课程形成逻辑上的拓展和延续关系，并形成课程模块（课程组）供学生选择性修读。”这一要求具有十分重要的意义，但是在实施过程中需注意分类导向的合理化，即群组划分不能仅仅是一种学理上的分类，而应当以

---

〔1〕 何美欢：《理想的专业法学教育》，清华大学出版社2016年版，第32页。

法律职业为导向，围绕职业类型所需要的知识来构建。在这方面有许多有益的经验可以借鉴，如我国台湾地区的政治大学法学院大学部在课程改革中“打破了原仅有必修与选修之架构，改采所谓的‘群修’与选修。群修乃是在原必修科目加上部分为选修的科目，其又分为三组共通之群修科目与配合各组特色之组群修科目”。[1]这种划分通过建立起一个相对具体的领域的内容框架，为学生学习相关知识提供“知识地图”，减少因不了解课程之间的相互关系而出现盲目选择和重复选择的问题。

### （三）教学方法的精细化

教学方法的精细化主要指法学专业的教师在教学过程中对针对性、科学性以及过程性的强调。当然，受教师个人风格的影响，教学方法会呈现出一定的多样性，但是对此显然也不能完全放任自流，而必须通过制度化的方式提出基本的要求并加以监督检查。结合前文对教学方法中存在的粗放化问题的分析，精细化教学主要应从以下三方面展开：首先，提高学生在课堂教学过程中的参与度。充分的课堂参与是体现学生个体性的重要途径，在当前理论讲授仍然占据主导地位的情况下，任课教师应当结合案例教学、小组讨论以及头脑风暴等新方法，着重强调提问、讨论、练习、纠错等环节对于改变一般理论课程教学生态的重要意义。其次，充实课前课后的学习任务。充分的训练是提升知识和能力的必要条件，同时，通过对完成任务情况的检查和反馈，可以有针对性地改善学生的学习状况，因此也属于精细化操作的题中应有之义。案例教学的效果之所以在国外的法学教育中受到肯定，一个重要的原因是这种教学方法需要结合丰富的课外准备工作，如大量的案件材料阅读、案情分析、法律文书撰写等，再结合课堂上的讨论、分析以及课后作业使学生获得切实的提高。[2]

---

〔1〕 陈洸岳：《政治大学法学院大学部课程改革》，载陈惠馨主编：《法学专业教育制度比较——以法学教育改革为核心》，政治大学出版社 2010 年版，第 147 页。

〔2〕 戴激涛：《优秀法律人如何养成？——以美国佩斯大学伊丽莎白·霍伯法学院为例》，载《政法论丛》2016 年第 5 期。

因此，对案例教学等新方法的引入，一定要配合课外任务的充实，同时，对这种方式的采用不必拘泥于特定的教学方法，完全可以推广到其他教学方法的运用当中，将过去以听为主的模式转变为学练并举的状态。最后，开展师生多种形式的课后沟通交流。在欧美法学教育中，师生通过网络进行互动已经成为常态，教师不仅通过互联网上传各种教学资料，还在网上建立群组进行课后答疑。在当前科学技术手段不断发展的条件下，在我国法学教育中推广师生多渠道、全方位的交流，不仅能够提高教学的细致化程度，也有助于改善学生的学习状况。

### （四）实践教学管理的精细化

在实践教学课程内容不断丰富、专业实习重要性不断凸显的情况下，实践教学管理也需要向精细化的方向发展。对此可以采取的措施主要包括：首先，加强师资力量的配备。教师的有效参与是实践教学取得实效的重要保障，目前对于激励教师参与实践教学主要有两种思路：一是提高实践教学管理指导的工作量核算及业绩评价比重；二是设立法律实践课专门教学岗位，设置专门的法律实践课导师职务。这两种思路一种着眼当下，一种着眼未来，都具有其合理性。而无论采用哪一种方式，关键都要明确专兼职教师在实践课程管理与指导中的职责并在操作中加以落实。其次，要注重教学计划及规章制度的制定与执行。针对当前存在的实践教学计划不清、制度不明等问题，应当通过建章立制的方式加以解决，通过这种方式“明确本实践环节的目的、内容、实施的步骤、实现目标的方式、学生的安排、老师的指导、场地的安排，从而使学生和教师在实践教学的过程中有章可循”。[1]其中，关于专业实习的计划等规定应当由法学院系与实务部门共同拟定，由实务部门负责实施，并由法学院系加以监督，以保证规章制度得到落实。最后，以新的实践教学方式为引领建立精细化的培养模式。由于传统模式中存在难以避免的管理困难，因此需要不断创

---

〔1〕 王太芹：《法学本科实践教学改革探索》，载《中国政法大学学报》2014 年第 3 期。

新形式，以克服因制度安排本身所导致的粗放化问题。湖南师范大学法学院提出的“全程参与式庭审实战教学法”就是一种很好的尝试，[1]它通过设计具体的活动环节，促使教师在不同环节中开展有针对性的管理和指导，从而一定程度上避免了“泛泛而谈”“无从下手”的状况。

### （五）对学生考核评价的精细化

加强考核评价的精细化，有利于更为全面准确地反映学生的学习状况，并且能够形成良好导向，促进学生向人才培养目标设定的方向努力，进而提升人才培养质量。这种精细化主要包括两方面的内容：首先，评价标准的合理化。此处的合理化主要指评价方式及标准要与不同课程类型的特性相符合，对理论课程来说，考核评价标准应当强化对学生平时表现的重视。已有研究指出，在澳大利亚的法学教育中，学生平时表现在整个成绩评价体系中的占比比期末考试更高，课堂发言、小组讨论、作业、小论文以及其他任务都会记录并纳入综合成绩的考量。[2]这种方式值得借鉴，虽然它意味着更复杂的操作以及教师更大的工作量，但是逐步提高平时成绩的比重并完善其构成，有助于促使学生从对考试的关注转移到对日常训练的关注上来。对于实践课程来说，由于其开展的形式与理论课程有较大不同，因此需要探索适合于不同实践课程类型的考核评价方式。在这个方面已经有一些院校进行了探索，例如甘肃政法学院在法律诊所课程的考核中，采用“以学生的‘说’‘写’能力为核心，综合专业基础、团队协作、举止礼仪和实际操作等进行设计”。[3]这种做法有一定的启发性，此种以能力为导向的考核方式也适用于模拟法庭和专业实习等实践教学环节，它有助于突出这些课程的“技能训练”特色。其

---

〔1〕 于熠、丁广宇：《“三段六步全程参与式”实践教学改革探索》，载王瀚主编：《法学教育研究》（第18卷），法律出版社2017年版，第78页。

〔2〕 余楠：《西澳法学教育模式考察及对中国法学教育的启示》，载《湖北师范学院学报（哲学社会科学版）》2016年第3期。

〔3〕 蒋玮：《大学法律诊所学生考核方式改革探索——以甘肃政法学院为例》，载《高教论坛》2017年第12期。

次，加强考核评价的严格性。严格的评价是精细化操作的重要组成部分，没有严格性作为保障，前述各项措施的效果都有可能遭到消解。因此，应当采用诸如交叉评价、集体评价、抽样检查等多样化的方式，促进教师严格按照设定的标准对学生的学习和实践情况进行科学准确的打分，并启动相应的淘汰和惩戒机制，对学习状况不佳的学生进行督促，以维持法学教育的基本水准。

## 四、结语

随着我国法治建设的不断推进、整体法治水平的不断提高，社会对法律人才的质量要求也越来越高，法学教育因此面临着新的历史机遇与挑战。作为培养法治建设者的教育，作为维护社会公平正义的教育，作为关系到人民群众生命财产安全的教育，法学教育在其结束了规模快速扩张、整体发展趋于稳定之后，从粗放化转变到精细化的轨道上来，是实现其历史使命的必由之路。[1]当然，我们也必须注意到，从粗放向精细的转变将是一个长期且困难的过程，因为这种转变不仅涉及上述各个教育教学环节之间的相互依赖与相互制约，还需要一系列外部条件的支撑与配合，如管理者观念的转变、整体师生比的合理化、教师教学能力的提高、物质资源的投入等，而这些问题不可能在短期内得到彻底解决。然而，这样的判断也并不意味着法学教育从粗放向精细的转变只能被动等待外部条件的具备，因为从另一个角度看，精细化教育模式的启动本身也有可能构成对上述基础性条件的一种倒逼。也就是说，如果我们能够真正认识到精细化教育教学对于法学本科人才培养的重要性，并真正开始采取措施推动这个进程时，它本身就变成了一种对法学教育整体性变革的推动力量。从这个意义上说，从粗放向精细的转变具有了超出其本身的意义，我们应该以此为契机，努力推动法学本科教育的全面革新。

---

〔1〕 刘子曦：《法治中国历程——组织生态学视角下的法学教育（1949－2012）》，载《社会学研究》2015 年第 1 期。

# 论法学教育中的多学科交叉融合*

◎杜维超**

**摘　要**：法学学科边界的拓展需要引入外部多学科方法支撑，社会条件及目标的变迁需要法学自身体系调整作为回应，法学教育的价值目标要求应当以学科交叉提升学生的职业能力。多学科交叉融合可以基于研究领域、理论框架及研究方法展开，应当以此为基准设置具体的法学教育目标。法学教育中的学科交叉融合是一项系统性工程，需要对制度安排、组织结构、课程体系等各方面进行全面优化。

**关键词**：法学教育　多学科　交叉融合

霍姆斯早在其1897年的演说《法律的道路》中即预言，法条主义者的时代就要过去，未来的法律应当属于经济学家和统计学家。虽然法学研究中对多学科交叉

---

* 基金项目：江苏高校品牌专业建设工程资助项目、中国博士后科学基金面上资助“先行法治化地区的法治评估精准化研究”（2017M621768）。

** 杜维超，男，南京师范大学法学院讲师，中国法治现代化研究院研究员，法学博士，研究方向：法理学。

融合的理论探讨由来已久，然而这一构想却难以落实到我国法学教育体系中。高校普遍对法学教育中多学科交叉融合的必要性认识不足，少数高校已有的探索也面临不少困难；虽然对法学学科内各部门法之间的交叉渗透已有初步研究，[1]但对法学与外部其他学科的交叉融合研究还不够深入。本文首先对法学教育中多学科交叉融合之必要性予以证成；其次就多学科交叉融合之具体形态进行类型化研究，以明确教育目标；最后尝试结合实践经验教训，提出若干建议以资参考。

## 一、法学教育中的多学科交叉融合之必要性

法学教育中多学科交叉融合的必要性可以从三个方面证成。从法学学科自身属性的内部视角出发，法学学科边界的进一步拓展需要引入外部多学科方法支撑；从法学作为社会子系统的外部视角出发，社会条件及目标的变迁需要法学自身体系调整作为回应；从法学教育以学生为本的价值理念出发，法学教育应当以学科交叉提升学生职业价值。

### （一）法学学科边界仍需拓展

当前法学教育中跨学科交叉的薄弱首先源自于法学教育相对法学学科发展的滞后。当前法学教育课程体系是围绕法教义学展开的。法教义学的前提是法学学科自足性的假设，该假设将法学视为一个逻辑严整的体系，认为所有的法律问题都能且只能依赖于法学本身的概念和方法体系予以解答应对。在这一认知下，法学研究与法学教育更强调对法律规范和法律方法的探究，即对由本国立法条文和司法案例中的法规范构成的实定法秩序做出体系化解释的法学方法。[2]

而教义学式解释要求一个具备共同知识结构、话语体系和职

---

〔1〕 参见陈银珠、石经海：《法学本科多学科课程交叉渗透的基础及其启示》，载《中国法学教育研究》2015 年第 1 辑。

〔2〕 参见凌斌：《什么是法教义学：一个法哲学追问》，载《中外法学》2015 年第 1 期。

业经历的法律职业共同体。这一想象的共同体共享特定的原则和信念，如权利优位意识、人的自主性假设及平等价值等，并对法律的价值、概念、规则和制度有一种独特的运用能力，因此“形成了他们特有的价值姿态、思维方式和精神气质”，即法律人思维。〔1〕正是基于上述对法学自足性及法律职业共同体的追求，自20世纪90年代以来中国开始进行司法改革，法律职业化和法学教育专业化逐步兴起，并被认为是法律专业化和司法独立的必然前提。〔2〕当前法学教育模式自然延续了这一思路：课程安排中占据最大比例的是对各部门法的规范体系及其解释适用的学习；而法理学课程也采用了一种混合了凯尔森式“纯粹主义法学”及维辛斯基式“法和国家理论”的独特体系安排，这种安排强调对法的稳定性及现存法秩序的推崇，对另外一些可能破坏这种稳定性的法理论进路——如价值法理学或目的法理学——则涉及篇幅较少，或仅列入选修课程供学生修读，这种法学课程安排与法教义学的亲和性及其相对封闭性，使得其他社会科学理论与工具难以进入教学。

然而，随着法学学科边界的拓展，法教义学与社科法学的论争已广泛展开，两种进路背后也各有坚实的理论根基。在西方，霍姆斯“法律是经验而非逻辑”的观点开风气之先，其后庞德的社会学法学、现实主义法学、政策法学、价值法学乃至批判法学，都从不同角度推进了这种批判，进而对法律人思维的存在乃至法律职业群体之特殊性也产生了质疑。〔3〕即使不考虑价值判断或社会需求，法律规则的实施也需要外部视角的协助，例如在证明司法裁判的裁判性事实、提供改变法律现状时的立法性事实相关信息，或作为影响案件后果权衡的社会框架证据，都需要其他

---

〔1〕 参见王栋：《“法律人思维”之争的三重面向：问题、学派和道路》，载《河北法学》2016年第11期。

〔2〕 参见苏力：《法律活动专门化的法律社会学思考》，载《中国社会科学》1994年第6期。

〔3〕 参见苏力：《法律人思维?》，载《北大法律评论》2013年第2期。

社会科学的介入。[1]总之，社科法学强调研究“视域融合”，即有关法律经验事实的知识要通过研究者、他者和共同面对的世界这样一种三角关系获得；在研究方法上，其倾向于实现定性方法与定量方法、经验事实与理论抽象、经验研究与规范分析的有机整合。[2]

笔者不打算在法教义学与社科法学的论争中站队，更无意质疑传统法教义学在法学教育中的核心地位。笔者亦完全赞成，规范性是法学的根本属性，当前以法教义学为中心的法学教育也是我国法律职业化进程的成果。然而，不管学术立场如何，必须要承认，外部方法的引入对法学学科发展至少会带来良性的“刺激”，而仅从知识结构多元化的角度考虑，也应给学生提供多学科知识的学习机会，因此基于内部视角，以法律规则为中心的法学教育模式亟须拓展。

### （二）法学应当回应社会需求

法学孤立性迷思被破除的同时，法学作为社会子系统对社会变迁的回应也日益受到重视。正如达玛什卡对两种国家“性情倾向”的描述，“简约主义”的政府仅为追求其自我选定目标的公民提供一个支持性框架，并倾向于将维护秩序的活动简化并归入纠纷解决中；而“能动主义”的政府则致力于辨识值得追求的目标，并确立准确导向于这些目标之实现的政策。[3]显然，随着现代福利国家和行政国家的兴起，自由放任的简约主义政府日渐衰微，强调政策实施的能动型国家成为主流，根据达玛什卡的理论框架，国家目标深刻影响了法律的社会角色，自然也将影响法学教育形态。

一个典型例证是普通法系中“规制法”对“法律人之法”的

---

〔1〕 参见王云清：《司法裁判中的社会科学：渊源、功能与定位》，载《法制与社会发展》2016 年第 6 期。

〔2〕 参见侯猛：《社科法学的研究格局：从分立走向整合》，载《法学》2017 年第 2 期。

〔3〕 参见［美］达玛什卡：《司法和国家权力的多种面孔》，郑戈译，中国政法大学出版社 2004 年版，第 103－105 页。

入侵。传统普通法学教育理念认为，法学教育者应当是法律人，法学课程的核心内容应该是“法律人之法”，即由法律人创造、在司法裁决中演进的普通法，这种法不是理性主义的创造，而是对社会已有结构的确认。随着行政国家的兴起和政府权力的扩张，政府管理社会的规制法（Law of Regulation）日益增多，法律要求服务于具体的政策目标及其作用领域，成为实质性社会调控工具，而作为纠纷解决工具的“法律人之法”已经无法满足社会变迁的需求，美国法学教育也由此发生若干深刻变革。[1]我国具有典型的政策实施型特征，正如国务院《中国特色社会主义法律体系》白皮书中表述的，中国特色社会主义法律体系的基本要求之一就是“适应改革开放和社会主义现代化建设需要”[2]，自然也对法学教育的回应举措提出了要求。

例如，随着我国对生态环境保护的日益重视，修订后的《环境保护法》第64条在立法上将环境侵权的原因行为从《侵权责任法》中的污染环境拓展至污染环境和生态破坏并列的二元体系。在分析和认识具体类型的权益侵害过程时，环境媒介的不利变化所对应的具体环境问题类型是界定侵权原因行为的实质依据，而这是传统环境部门法已有知识无法回答的，必须转向环境科学寻求答案，可以说，环境科学知识是对环境侵权原因行为进行类型化的科学基础。[3]此外，环保的国家政策转向引发了法学知识体系的不足，从而产生了引入外部学科知识的需求。

我国的法学教育同样应当继续强调其回应社会需求的作用。早在1983年，国家教委对当时的法学教育进行调研后就指出，教育部门在制订教育发展规划和调整教育内部的层次结构时，往往对教育内部的条件和规律研究比较多，对教育内部与外部的关

---

〔1〕 Baxter, Lawrence G., “Legal Education and Public Policy”, *Natal University Law & Society Review*, 1985, pp. 15－31.

〔2〕《中国特色社会主义法律体系》，载中国政府网，http://www.gov.cn/zwgk/2011－10/27/content_1979526.htm，最后访问日期：2018年9月14日。

〔3〕 参见周骁然：《民法典中环境侵权原因行为的立法选择——基于法学、环境科学的交叉视野》，载《安徽大学学报（哲学社会科学版）》2018年第1期。

系、教育怎样适应社会的需要研究比较少，因此教育层次结构及至培养目标、专业的课程设置、教学内容和方法都存在着与社会主义建设对专门人才的实际要求不相适应的问题。[1]这一论断并未过时，当前的法学教育仍需坚持回应社会需求，这就使得多学科交叉融合成为必然。

### （三）法学生职业能力仍需提升

法学教育的核心价值首先不是法学而是教育，其肩负着促进学生全面发展、提升学生职业能力的任务。学生职业能力的提升主要来自其对社会法律需求的满足。目前，一方面，社会对法学人才的需求趋于饱和，法学人才相对过剩；另一方面，众多单位对人才大量需求又得不到满足。人才供给与需求在人才培养规格上的错位对接，导致了法学专业大学毕业生的结构性失业。这暴露了高校法学人才培养存在的诸多先天不足：办学定位不明确、学科专业无特色、培养模式老化、课程设置大一统、与地方产业结构脱节等。[2]

法学教育回应法律服务对象的需求，是法律职业的一贯要求。美国法学教育变革的过程中，学者提出了法学教育应当回应社会职业需求的命题。如在美国，法律体系的调整产生了新的法律服务需求，从而引导了法学教育目标的调整，例如行政法庭等新诉讼形态的出现、司法程序的复杂化、证据规则的科学化等，使得旧训练下的律师们无法应对，难以满足客户的需求，从而引发了对法学教育的结构、信条及程序的重估。法学教育研究者强调，法学生如果掌握了传统法学课程之外的经济学、统计学和工程学知识，以及一般的科学知识，将会使其具有职业竞争优势。[3]

在美国联邦司法中心的支持下，学者们研究了 172 个 ABA 认

---

〔1〕 参见郝克明：《法学教育的层次结构应当适应我国法制建设的实际需要》，载《教育发展研究》1984 年第 1 期。

〔2〕 参见郑谊英：《基于交叉学科平台的法学专业转型发展的路径探索——以法务（司法）会计本科教育为视角》，载《中国司法鉴定》2015 年第 4 期。

〔3〕 Matthew Spitzer, "Evaluating Valuing Empiricism (at Law Schools)", *J. Legal Educ.*, 2003, 53, p. 328.

证的法学院，搜集了其提供的含有跨学科内容的课程信息。研究表明，越是高等级法学院，跨学科内容越丰富、课程资源投入越大，相应地，法学生的职业竞争力也就越强。[1]而即使法学生将来不从事法律服务行业而进入科研行业，研究也表明，由于法学学术论文发表的压力，法学学者与其他学科专家合作的案例越来越多，乃至有学者提出，掌握跨学科经验研究方法应当成为法学研究者的基本素质，应当据此重新组织法学院教学和研究的基本要求。[2]

我国一些高校已经对此进行了前期探索。例如，2010年上海正式提出建设国际金融中心后，为了配合这一重大国家战略，华东政法大学设立国际金融法律学院，培养具有法律、金融和外语能力的复合型人才；上海财经大学法律经济学、法律金融学专业毕业的学生在就业市场上也表现出很好的比较优势；[3]由于当前法律事务与经济业务高度融合，既具备会计师的知识和技能，又熟悉相关法律的规定及程序的法务会计这一新兴法律职业需求极大，南京审计大学法学院较早增加了法务会计方向。[4]正如习近平总书记指出的，法学学科体系建设对于法治人才培养至关重要，法学教育改革也应以塑造法学生职业价值为目标，致力于培养满足社会需求的复合型人才。

## 二、多学科交叉融合的具体形态及教育目标设置

法学教育中的学科交叉融合需要转化为具体化的教育目标，才能据此进行课程设置和教学方法等方面的技术设置。因此此处

---

〔1〕 Mara L. Merlino et al, "Science Education for Judges: What, Where, and By Whom?", *Judicature*, 2003, 86, p. 210.

〔2〕 Lee Epstein and Gary King, "Building an Infrastructure for Empirical Research in the Law", *J. Legal Educ*, 2003, 53, p. 311.

〔3〕 参见韩强：《法学交叉学科探索与复合人才培养的个案经验》，载《北京航空航天大学学报（社会科学版）》2018年第2期。

〔4〕 靳宁、王艳丽：《"互联网+"背景下的交叉型法学课程改革探索》，载《公安学刊（浙江警察学院学报）》2016年第6期，第97-101页。

首先需要讨论学科交叉融合的具体形态，并借此进一步明确具体的教育目标。大致而言，多学科交叉融合可以从研究领域、理论框架及研究方法等方面展开。

### （一）基于研究领域的交叉融合

传统的法学体系以法律规则体系及其适用为研究中心，由此产生的法学教育主要是以法律部门为论域展开的。法律部门边界的确定源自法律规范所调整的社会关系及其方法之差异，如民法调整平等主体之间的人身和财产关系，刑法调整国家社会的统治秩序以及社会规范与犯罪行为之间的社会关系等。传统的以“六法”为核心的法律部门体系体现了法典编纂兴起时期理性化的编撰思路以及相对简约的社会关系，然而随着现代社会关系的日益复杂，法的调整手段要求日益精细化和特殊化，并产生了新兴的“社会法”。[1]

有学者就此提出了“领域法学”的概念。领域法即调整某一特定领域社会关系的法律规范，如规范环境、财税、金融、互联网、卫生等特定社会经济生活领域的法律规范。领域法学虽然也继承了传统部门法学的研究方法、工具和手段，但与传统部门法学不同，领域法学在方法论上突出体现以问题意识为中心，以特定经济社会领域全部与法律有关的现象为研究对象，涉及多种研究范式，是交叉性、开放性、应用性和整合性的新型法学学科体系、学术体系和话语体系。[2]这种特定领域的法律规范，更加强调该领域需要的专业知识而非传统的法学知识。

以“科技法学”学科的兴起为例，其研究范围与内容无法被任何传统部门法学包涵。我国制定科技法律法规的实践也证明，其主要依据不是传统法学理论，而是科技发展的社会规律。例如，传统税法认为企业投资不能作为免税扣除额，但现代各国科技法几乎都规定企业科技研发资金可按100% －150%作为免税扣

〔1〕 参见郑尚元：《社会法的定位和未来》，载《中国法学》2003年第5期。

〔2〕 参见刘剑文：《超越边缘和交叉：领域法学的功能定位》，载《中国社会科学报》2017年1月4日，第5版。

除额（即我国的“加计扣除”）；又如，高技术的生产设备或科研设备可以加速折旧，但这也不符合传统的公平原则。促进科技进步的社会政策目标，要求科技法实质内容遵循科学基本规律，而非传统部门法原则。[1]

## （二）基于理论框架的交叉融合

当前法学教育的主要目标是培养实际参与司法过程的“法律人”，法学教育的主要内容也是法律规范体系及其适用，即法学的微观层面。但除此之外，法学教育中还需包括针对法学中观及宏观层面的理论性、概念性和分析性内容，这些内容通常包括在法理学及部门法理学的学习中。对上述内容的理解和解释，需要一个内部融贯的理论框架，其中又包括若干操作性概念及完整的推论逻辑。在认识论层面，不同的价值前设、介入角度乃至变量的调整，都可能形成多种内部融贯的理论框架。

由于理解的有效性或正当性，当法学现有的理论框架解释力不足时，便经常需要引入法学之外其他学科的理论框架。一个典型代表就是法经济学的诞生。按照弗里德曼的总结，法经济学主要有三个任务：一是预测法规的效果；二是找出在社会福利意义上有效率的法规，判断法规应该是什么；三是预测法规将是什么。其实这三个任务在传统法学研究中并不新鲜，在立法学和法哲学领域也有不少理论框架。然而由于法学理论欠缺解释力，法经济学对三个陈旧的问题提出了崭新的分析框架。

例如，法经济学运用微观经济学理论（主要指价格理论）来预测法规的效果；运用福利经济学理论找出在经济学意义上最有效率的法规，回答法规应该是什么的问题；运用公共选择理论对法规将是什么进行预测。这也使得很多经济学概念进入了法律分析范围，如激励效应、机会成本、信息不对称、搭便车等；新理论框架也使得各种法律概念更为开放，如价格理论加速了关于诉

---

〔1〕 参见曹昌祯：《科技法学——新兴法律交叉学科》，载《科技与法律》2007 年第 1 期。

讼成本、严格责任、第三方执行等领域的进展。[1]

因此，第二种学科交叉融合形态的基点是其理论框架，这一进路主要是对传统法学研究中基于自身的价值前设、内部概念及逻辑推理形成的理论框架的补充。这一进路下的教育目标设置起点是对特定理论问题进行解释的理论需求。在这一背景下，法学学科所要吸收的是其他学科中的理论概念及解释框架，此时法学学科交叉融合的对象是不特定学科的若干有效理论，法学教育导入的方式也应该是这些理论在特定法学命题中的适用。

### （三）基于研究方法的交叉融合

法学教育的内容除了法律职业实践技艺，还有法学研究方法。法学研究的方法类型繁多，如调查法与实验法、规范研究与实证研究、定量分析与定性分析、文献综合法与个案研究法等。但在当前的法学教育中，由于其以法律规范及其适用为中心展开研究，研究方法也主要是规范研究和定性分析的进路。虽然很多院校设置了法社会学、法学论文写作、法学研究方法等相关选修课程，但对实证及量化的研究方法涉及很少，对较为复杂和新颖的量化技术——如大数据分析、文本挖掘等，更是付之阙如。

实证研究被认为弥补了规范研究的不足。在法律领域中，人们经常会用价值想象指导法律实践，用良好愿望遮蔽社会现实，从而使实践陷入泥潭。波斯纳就认为，量化分析除了可用于对经验数据进行描述分析外，还可以成为研究法律规则的工具。例如在侵权案件中，可以通过收集大量数据并加以量化分析，从而发现法律规则本身在法律运行中的作用。他明确指出，认为规则不能作为科学研究数据的那种观点将是一个错误。[2]

法律实证研究的真正兴起是在 20 世纪中叶以后的美国。由于 20 世纪初期以来美国政府社会治理方式的调整，60 – 70 年代

---

〔1〕 参见史晋川、吴晓露：《法经济学：法学和经济学半个世纪的学科交叉和融合发展》，载《财经研究》2016 年第 10 期。

〔2〕 ［美］理查德 · A. 波斯纳：《法理学问题》，苏力译，中国政法大学出版社 1994 年版，第 465 页。

兴起的跨学科研究对法学研究大举渗入，传统的法律框架不再能适应社会日益复杂的治理关系。[1]随着法律经济学以及"法律与社会"运动而来的，真正以定量研究为旨趣的刊物、研究会、教科书和研究机构的盛行，也不过是最近十多年的事情。[2]之后这一趋势才进一步影响了美国的法学教育。中国法学界自20世纪80年代以来也日益重视实证研究，赵骏教授对当代中国的法学论文进行了全面的检索后发现，在过去二十来年，法律实证研究有了非常明显的增长[3]，但总体而言，法学实证方法教学还有很多不足。

因此，第一种学科交叉融合形态的基点是其研究领域，这一进路主要对应的是传统上以法律部门进行分割的法学研究和教育模式。这一进路下的教育目标设置起点是特定社会经济领域的政策性需求。在这一背景下，法学学科所要吸收的经常是细分领域所需要的自然科学知识或行业性知识，此时法学学科交叉融合的对象不是特定的某个学科，而可能是涵盖了特定领域所需知识的多个学科，法学教育导入的内容也应该是与该领域有关的不同学科的特殊性知识和方法。

## 三、多学科交叉融合目标下法学教育体系之优化

观察发现，一些从事交叉研究的高校法学教师在教学中已经自行尝试加入交叉学科内容。然而学科交叉融合是一项系统性工程，仅凭教师的一己之力难以完成，需要制度和资源等各种外部要素的支持。因此本文根据实践中的经验教训，参照国外相关经验，拟在制度安排调整、资源平台整合及具体课程设计三个方面提出优化若干建议。

---

〔1〕 Balkin, Jack M., and Sanford Levinson, *Law & the Humanities: An Uneasy Relationship*, Daedalus, 2006, Vol. 135.

〔2〕 Eisenberg, Theodore, "The Origins, Nature, and Promise of Empirical Legal Studies and a Response to Concerns", *Cornell Legal Studies Research Paper*, 2010.

〔3〕 参见赵骏：《中国法律实证研究的回归与超越》，载《政法论坛》2013年第2期。

## （一）制度安排的优化

教育制度虽然是教育场域中的隐性要素，但在根本上决定着教育资源配置方向及教育参与者行为模式。在我国特殊的教育体制下，制度刚性更强，制度一致性要求更高，在多学科交叉融合教育的尝试中，制度要素也经常成为决定这种实验之可行性及实效性的最大变量。具体而言，这种教育制度包括国家教育政策法规和高校内部管理制度两个层次。

在国家教育政策法规层面，多学科交叉融合的掣肘主要源自当前的专业设置。在专业设置方面，国务院学位委员会和教育部（原国家教育委员会）主导设置了各级学科，在法学学科下具体划分了10个二级学科。我国高校自主权较小，虽然当前可以通过二级学科下不同研究方向的设置引入交叉学科教学，但二级学科的设置前提要求传统法学教学内容权重不低于一定比例，这与特定交叉学科的教学要求可能产生冲突，如果强行突破这一限制，则会产生专业设置的合法性问题。

美国2000年发布的学科专业目录（CIP－2000）首次单独设置了“交叉学科”和“综合学科”两个学科群，并在24个学科群内设置了38个标有“综合”或“其他”字样的交叉一级学科。[1]我国根据本国的教育体制特征，借鉴国外模式，建议将已形成稳定研究群体及主题、理论体系较为成熟的法学交叉学科纳入学科目录。其中，在现有一级学科外明确设置独立的“交叉学科”学科门类，纳入涉及学科较多、法学学科属性较为模糊的学科，并进行开放式申报；在现有法学一级学科下设置法学（其他）二级学科，灵活地将法学学科属性较为明显的新兴交叉学科（如法社会学、法经济学）纳入其中。

高校内部管理制度主要影响生源及师资两个要素。对生源影响较大的是我国传统的招生及专业选择机制。我国招生及专业选择一般一次性完成，这导致专业选择弹性较小、法学生学科背景

---

〔1〕 参见赵文华等：《美国促进交叉学科研究与人才培养的借鉴》，载《中国高等教育》2007年第1期。

单一、跨学科知识储备不足，而法学教育多学科交叉融合的前提之一是培育具有跨学科知识背景的生源。因此，首先在招生时可以根据本校特色跨学科专业情况及需求，通过招生名额倾斜和奖学金适度优惠等方式对特定专业跨学科学生招生予以必要的倾斜政策；其次，应当完善第二学位制度，通过课程设置和衔接，鼓励第二学位和第一学位学习内容的学科交叉；最后，依托当前的荣誉学院制度，遴选不同专业的优异学生，鼓励其修读高年级课程及跨专业课程，并通过小班讲授交叉学科课程。

高校内部管理制度还影响着师资配置及管理评价，进而决定着教师进行交叉学科教育的能力及动力。首先，当前跨院系专业的教师合作科研教学活动主要是自发进行，难度较大，缺乏制度依据及动力。校方应制定导师组之间跨学科合作招生、联合培养的明确制度，以鼓励跨院系专业教师和学生合作参与交叉学科研究活动。其次，当前教师教学科研成果评价及职称评定也是根据学科进行的，这使得院系师资配置也主要根据学科进行，导致了教师跨学科合作教学科研的积极性不足。因此，要在师资配备上实现专业交叉复合，并鼓励不同专业背景的教师协作完成科研教学任务，其根本还是要调整校内教学成果评价体系等人事管理制度，改革传统单一学科的评价指标，例如，可以建立跨学院的学科交叉评价委员会和跨学院评估教师绩效，以打破学科壁垒，提高教师跨学科配置及合作的积极性。

### （二）组织结构的优化

除了制度性要素外，人财物等各种教育资源要素的配置也对教育效果产生重大影响。在当前学科壁垒严重的背景下，高校内教育资源是根据学科进行分配的，资源的流动和整合较为困难。而学科交叉融合的前提要求就是要深度整合各种教育资源，这种资源整合需要依赖各种组织形态去实现。据学界通论，学术组织有显性结构（surface structure）和隐性结构（shadow structure）两种形态，前者依附于制度化的组织安排，后者则多为较灵活的柔性安排。[1]当前我国教育资源主要基于显性结构进行分配，而交叉学科发展多由非正式团体推进，处于隐性结构状态，导致以院系和学科体制进行资源分割难以满足交叉学科的教学需要。因此，应当以教育资源顺畅整合为指向进行双重组织结构重构。

建立实体化的跨学科教学组织，直接重构显性制度，是打破教育资源分配困局的第一种路径。例如，英美日等国很多高校已经开始尝试打破传统的学科区隔，采取“学群结构制”（The Schools of Studies Structure）组织教学，通过设置实体性的学科群，废除了传统的学系，并围绕学科群来安排课程。[2]但在我国行政化的教育体制下，这种重构的难度较高。第二种路径是显性结构的多重化，即在原有学系外平行设立跨学科教学实体组织。当前多数高校设置的研究所或研究中心，多挂靠在院系，无独立办公场所及经费，这种虚化组织难以成为教学载体。应基于“学科协同”理念设立实体化的交叉学科研究创新基地、交叉学科实验室、研究所、新兴产业基地、实训基地等，这些平台既可以进行跨学科研究和产业应用，也可以进行跨学科教学。如可以通过所设置法律与金融实训基地、法律与认知科学实验室等载体进行交叉学科教学。

此外，根据国外经验，交叉学科教学发展完全依赖于实体化组织，反而面临科层制及官僚化的弊端，因此新的发展趋势是虚实结合的混合模式。[3]其中一种方式是设置若干实体性的交叉学科委员会进行管理，而具体的师资与课程仍依赖于原有的学系。这种方式成本较低，调整灵活，但在人事与课程上的自主权不够，缺乏稳定的资源保障。具体到我国高校，委员会可以在教务处或校学术委员会等一级部门设立，以便在各学院间统一协调教

---

〔1〕 参见唐磊：《理解跨学科研究：从概念到进路》，载《国外社会科学》2011年第3期。

〔2〕 参见高鹏飞等：《英国大学交叉学科建设——以苏塞克斯大学为例》，载《现代教育管理》2013年第12期。

〔3〕 参见万秀兰、尹向毅：《美国高校交叉学科发展模式及其启示》，载《比较教育研究》2014年第12期。

学资源。另一种虚实结合的有效模式是“课题引领模式”，指高校内部或者与外部机构定期选定若干交叉学科课题，让学生参与项目学习和研究，使课题组成为交叉学科教育的临时性组织。该模式能有效地打破学科分割，且以研究带动教学，具有较好的教学效果。在我国，可以由各院系申请、教务处定期发布这种课题，也可以由校方与政府、企事业单位合作设立课题以供申请。此外，还可以模仿德国的“博士生院”制度，即通过资助跨专业博士生共同参与一个大型课题，形成一个虚拟的研究院，期满即停止资助，这是对传统的导师一对一辅导制度的有益补充。[1]

### （三）课程体系的优化

课程教学是法学教育面向教育对象的直接输出端，制度安排和组织结构的优化提供了法学教育的基本条件，但最终需要落实到课程教学实际过程上来。根据法学教育中多学科交叉整合的深度，有以下三个层次的路径：第一个层次上，由授课教师自发自主进行多学科内容的引入；在第二个层次上，通过学生修读跨学科课程实现多学科交叉融合的教育；在第三个层次上，直接进行学科整合，形成学科交叉下的独立课程供学生修读。三个层次难度依次递增，学科交叉融合的深度也依次递增。

课程教学内容受教师个人研究取向及资料选择的影响。由于法学与其他学科边界的模糊，教师在科研中会经常受到相邻学科的知识影响，并不自觉地将其带入课堂中，从而形成一种“隐性的课程交叉”。[2]但这种不自觉的设置无法满足学科交叉的系统性要求，教师需要有意识地在课程中进一步进行多学科知识整合。但这种整合目前还面临一些困难：首先，由于主干课程对教学内容有较为严格的要求，教师的调整余地不大，因此这种整合主要在选修课程或研究生课程中进行；其次，教师由于专业能力

---

〔1〕 参见余同普等：《从德国博士生院培养模式看创新型交叉学科人才培养》，载《学位与研究生教育》2013年第6期。

〔2〕 参见［美］朱丽·汤普森：《跨越边界——知识、学科、学科互涉》，姜智芹译，南京大学出版社2005年版，第40-41页。

限制，对跨学科知识的掌握程度影响了交叉课程设计的系统性，当然，可以由教师邀请其他专业教师协助设计课程甚至直接参与教学。但总体而言，教师自行进行课程设计的效果一般，只能生成引介性的初级课程。

第二个层次是在原有课程教学体系不作大调整的前提下，通过学生修读跨学科课程实现多学科交叉融合教育。这一课程整合路径具体包括开设通识教育课程和跨学科选修两种。西方早在20世纪30年代就已展开普通教育运动，当前很多高校要求低年级学生选修一定的人文、社会科学、生命科学、物理科学及工程等领域核心课程，从而把交叉学科知识储备变成学生必需的知识基础。[1]近年来，通识教育课程在我国也逐步开始推行，不过课程设置系统性较差，没有基于特定交叉学科形成完整框架，且很多学校的通识教育课程主要设置人文类课程，自然科学和理工类课程的分布不均衡甚至未被纳入；另外，当前的跨学科选修的课程要求较低，选课主要基于学生自身兴趣，自由度较大，虽然课程设计压力小，但学生的选修过程比较盲目，难以确定特定研究方向所需的跨专业知识；由于课程量较为紧张，学生还经常面临无法成功选课的情况，以上都严重影响了交叉学科教育效果。对此，应当加强教师对跨学科选课的系统指导，还需配合“双学位”“双文凭”“主修辅修”等制度，提升跨学科课程选修效果，还可以指导学生通过慕课等网络课程灵活自学相关学科知识。

更为深度的学科交叉模式是直接将交叉学科课程进行整合，形成独立课程供学生修读。该模式又分为两种：一是学科合并，即将多门具有内在联系的不同学科交叉合并为一门新的课程；二是主题形式，即以最能反映该学科基本原理的学术问题或以重大社会问题为中心设置课程。[2]这种课程设置难度较高，要求各学

---

〔1〕 参见杨学新：《21世纪初期美国研究型大学的本科课程改革》，载《河北师范大学学报（教育科学版）》2010年第3期。

〔2〕 参见高鹏飞等：《英国大学交叉学科建设——以苏塞克斯大学为例》，载《现代教育管理》2013年第12期。

科教师密切合作，细致地进行课程设计，但效果也最好。首先，在不影响核心主干课程教育投入的前提下，应当充分盘活现有资源，发挥优势特色学科的汇聚作用，根据“宽口径、厚基础”原则嵌入相关交叉学科内容；其次，大力建设特色模块化课程，根据若干主题，如“法律与金融交叉”“法律与互联网交叉”“法律与环保交叉”等，设置系列课程；最后，开办主题系列讲座，就交叉学科主题，邀请校内外不同专业专家开展系列讲座，以扩展师资来源，应对校内师资不足的难题。

总体而言，推进法学教育的多学科交叉融合具有重大的社会价值、教育价值和知识价值，然而当前这种实践在我国尚处于探索阶段，在理念层面面临着不少困惑，制度层面也有不少现实困境。引发学界及相关部门的关注及讨论应当是初步任务，具体而微的制度实验和教学实践则应成为下一步工作的重心。

# 功能视角下的卓越法律人才协同培养分析

## ——以常州大学史良法学院模式为例*

张　建　骆福林**

**摘　要：**卓越是培养法律人才过程中的价值追求和目标要求，具有较为全面的知识、具有将知识转化为行动的实践能力，以及具有较高的职业道德和历史使命感，是卓越法律人才的基本构成要素。根据卓越法律人才的内在规定性及构成要素，学校、地方及民盟在人才培养过程中根据自身特点发挥着不同的功能。学校侧重于知识的传递，地方侧重于实践能力的培养，民盟侧重于职业道德和历史感的塑造，是（法律）人才的内在规定性决定了协同的主体，而非相反。

**关键词：**卓越法律人才　史良法学院　民盟　协同培养

---

* 基金项目：江苏省十三五教育规划课题“新时代法治人才多元协同培养模式研究”（B－b/2018/01/16）的阶段性成果。

** 张建，常州大学史良法学院副院长、副教授，中国政法大学博士后；骆福林，常州大学史良法学院副教授。

法律是关乎公平正义的学问，是关于治国理政的学问，是处理矛盾纠纷的学问，在全面推进依法治国的背景下，法律人才培养的重要性进一步凸显。卓越法律人才是法律人才培养过程中的价值追求和目标要求，如何培养卓越的法律人才是当前各法学院系共同关心的话题和问题，因此有必要对卓越法律人才培养中的主体问题进行深入思考与分析。

本文主要从一个对象、二个问题和三个主体的角度切入来回应上述问题。一个对象是指主要以常州大学史良法学院法律人才的培养模式作为分析对象，二个问题是指主要讨论卓越法律人才的构成要素以及不同培养主体的相互协同，三个主体是指学校、地方及民盟在法律人才培养过程中各自功能的发挥。

## 一、卓越法律人才的要素构成

教育部 2011 年《卓越法律人才教育培养计划》将卓越计划的目标定位为："以提升法律人才的培养质量为核心，以提高法律人才的实践能力为重点，加大应用型、复合型法律人才的培养力度，培养、造就一批适应社会主义国家建设需要的卓越法律职业人才。"[1] 据此，可将卓越法律人才分解为三个基本构成要素：一是应该具有较为全面的知识构成；二是应该具有将知识转化为行动的能力；三是应该具有较高的职业道德和历史使命感。

之所以要进行高等教育，目的就在于使受教育之人掌握较为专门的、系统的知识以及养成抽象思维的能力。至于要掌握专门的、系统的知识，需要从社会性质的角度来理解。涂尔干认为，社会团结可分为机械团结和有机团结两种类型，机械团结主要是通过共同意识来整合社会关系，有机团结则是以社会分工作为基础，社会发展是一个从机械团结走向有机团结的过程。社会分工的表现就是社会不断分化、细化为不同的专业领域，暗含着知识的不断细化和深入，大学及大学分科的形成不过是社会分工的环

---

〔1〕 黄进：《卓越法律人才培养的目标、观念、模式与机制》，载《法学教育研究》2012 年第 1 期。

节构成而已。接受高等教育，目的就在于能够系统全面地掌握某一种类型的知识，法学教育作为现代高等教育的一个组成部分，必然也要求接受教育之人能够系统而全面地掌握法学知识。但是，仅仅系统地掌握一种专门知识是不够的，还需要培养抽象思维能力。在对事物进行把握之时，我们既可以从具象的角度加以把握，也可以从抽象的角度加以把握，具象就是通过对具体事物的认识来把握该事物，抽象则是通过概念的方式来把握该事物，人的成长和受教育过程也是一个从具象思维走向抽象思维的过程。之所以要培养抽象思维能力，原因有二：一是具象思维把握的是具体的、特殊的事物，抽象思维把握的是类型的、普遍的事物，这意味着抽象思维具有较高的认识效率，更何况具象思维还可能使人陷入就事论事的认识泥淖中。二是包括社会性质及社会关系在内的诸事物，本身复杂而抽象，很难通过具象思维加以总体把握。法律本身既是一种具象性存在——如表现为各类具体的法律原则、法律规则及案例等，更是一种抽象性存在——如法律的德性要求、法律的伦理要求等。具象的法律可以通过具象性的思维加以把握，但面对层次更高的抽象的法律时，具象性思维就显得无能为力了，所以必须要培养法律人才的抽象思维能力。

现代大学的生成及分科的发展，是社会分化的环节表现，是高等教育对社会要求的一种回应，其中暗含了要求：一是大学本身所生产和传授的知识应该能满足社会分化的需要，社会分化与知识分类是互为表里的问题，社会的分化催生了知识的分类，知识的分类揭示和促进了社会的分化，知识与社会应相互嵌入，互相耦合。如果现代大学所生产和传授的知识不能满足社会分化的需要，表明大学与社会结构之间产生脱节、大学游离于社会分工之外，结果会导致大学存在的正当性消失。二是作为大学教育的对象，系统的、专门的知识的掌握者应具有将知识转化为行动的实践能力。大学作为知识的生产者，仅仅是抽象性的存在，它依赖于具体的个人担负起知识生产和实践转化功能，大学生作为大学培养的对象，更是大学价值和功能实现的重要环节。从某种程度上说，一所大学要是仅具有生产知识和讲授知识的能力，是不能称之为大学的，仅能被称为专门的研究机构；大学不仅要重视受教者系统、专门知识的掌握，更要培养他们将知识转化为行动的能力。法学知识作为知识的一种类型，既包含一般知识，也有自身的特殊性。就法学知识的特殊性而言，法律可以用来解决日常生活中的各类矛盾，如果学生不具有将法学知识转化为解决纠纷的能力，结果就是不能利用自己所学而使自身获得社会的承认；法律还是治国理政必不可少的知识，如果不能将法学知识转化为治国理政的实践能力，结果则是国家治理可能会重新陷入人治或混乱的泥淖中；法律更是关乎公平正义的知识，如果不具有将法学知识转化为评判公平正义是非曲直的能力，轻则无法处理复杂疑难案件，重则无法明辨是非而使法律成为恶的工具。法学知识的特殊性使得其与哲学、历史学、文学等知识类型有较大的区别，故而更应注重强调法学知识的实践性和法律人才的实践能力培养。

知识和能力本身仅是一种技术性的存在，在价值上是中立的。具而言之，知识和能力在实现其功能的过程中具有二律背反性，对整个社会的发展来说既可能是进步的也可能是退步的，此时，掌握知识和拥有能力的主体所具的道德感和使命感之重要性就凸显出来了。在传统社会中，个体的道德感和使命感是通过家庭、家族及共同体来加以规范和体现的，对个体所提的道德和使命要求是以家庭、家族和共同体为根据的，个体也是在家庭、家族和共同体中获得承认，在家庭、家族、共同体与个体形成的关系性结构中形成了个体生活和发展的意义网络。现代社会的来临，使社会团结方式发生了变化，个体不再或不仅是被家庭、家族及共同体所规制，而是更多地被嵌进社会之中。在社会不断细化的分工领域中，与个体道德不同的职业道德开始形成，一如涂尔干所言：“个体无法完全像关注自身利益那样，不断意识到社会利益的存在。有一种体系似乎必然会把这些利益带给个体的心智，迫使个体尊重他们，这种体系就是道德纪律。”〔1〕职业伦理的形成和遵守是社会分化能够不断前行的重要保障机制，例如在法律领域，法律职业人如能遵守好法律职业道德，那么社会则会更多地尊重和遵守法律规则，法律在被尊重和被遵守的过程中，也会随着社会分工的发展而不断细化自身，促进自身的发展；反之，法律职业人如不能遵守好职业道德，社会则可能使用其他的手段来替代法律，结果则是法律被抛弃。陈景辉就认为：“法律职业伦理要在政治道德的追问中加以证成，法律人应当为整个法律的道德吸引力负责。”〔2〕法律的道德吸引力还可表现为历史责任感，所以法律人还应具有历史使命感，即应有一种将自身所从事的职业、所掌握的知识放置民族及人类发展脉络中的自觉意识，这种意识的缺乏将会导致（法律）知识应用过程中的短视，也会影响（法律）知识应有功能的全部展现。

当前我国高等法学院系在培养法律人才的过程中，受制于认识、能力及条件的约束，培养出来的法律人才并不尽能符合卓越的要求，甚至没有意识到卓越法律人才应包含的三个层次。实质上，法学存在的价值就在于追求的卓越，就在于培养的人才的卓越。显而易见的是，由于卓越法律人才能力和要求的多层次性，在社会分工的背景下，仅靠发挥法学院系的作用不能满足人才培养的需求，有必要多方协同推进法律人才的培养。

## 二、学校在（法律）人才培养中的功能

现代大学是社会分工的产物，大学的属性决定了人才培养和知识生产是大学的基本功能。如兹纳涅茨基所言：“事实上，每一位执行某项社会角色的个体，都被他的社会圈子认为具有或者他自信具有正常的角色执行所必不可少的知识。如果缺乏这些知

---

〔1〕［法］涂尔干：《职业伦理与公民道德》，渠敬东译，商务印书馆2015年版，第15页。

〔2〕陈景辉：《忠诚于法律的职业伦理——破解法律人道德困境的基本方案》，载《法制与社会发展》2016年第4期。

识，就认为他在心理上不适合担任这一角色。获得这种必要的知识是通常被称作‘教育过程’的准备阶段中的一部分，并且是最重要的部分。”[1]人才培养与知识生产是一体两面，人才培养过程中需要知识的传递、研究和创新，在传递、研究和创新知识过程中也完成了对人才的培养。

（法律）知识的系统化、专门化的传递，是大学的基本功能之一，现代大学就是要将没有系统、专门知识的主体改变成拥有系统、专门知识的主体，就是要将仅能进行具象思维的主体改变成具有抽象思维能力的主体。在（法律）知识传递的过程中，专门性和系统性是基本要求。专门性指的是被传递的知识与其他类型的知识有所区别，如法学就是一门围绕规则而展开的知识类型，与社会学、政治学有显著区别；系统性是指知识传递过程中的全面性，既包括横向的全面性又包括纵向的全面性，就法学知识的纵向而言——如包括法律概念、法律规则和法律原则等层次，通过知识全面而系统地传授，使得（法律）人才与其他类型的人才在知识类型上的区别能够凸显出来。例如，不经过法科学习，虽然能够看懂法律条文，但不能进行系统的理解；虽能够理解法律条文的字面含义，但不能体悟法律条文的精义和所承载的价值。为此，有必要重视知识传递有效性的检验和检验方式，针对知识传递对象的各类考试实质上就是一种知识传递有效性的检验方式，当前针对法律人才的统一法律资格考试则可视为（法律）知识传递有效性的权威检验方式。但是，仅有针对知识传递有效性的检验方式是不够的，还需要重视知识检验方式本身的合理性和有效性。

在社会分化的结构性要求下，各种类型的知识被不断生产出来，这意味着在进行知识传递的过程中，必须要注意知识的再生产问题。新的知识一旦被生产出来，就会被构建进原有的知识体系中，实现对原有知识的完善、补充及替代等；在这个过程中，

---

〔1〕［波兰］兹纳涅茨基：《知识人的社会角色》，郑斌祥译，译林出版社2000年版，第17页。

知识体系也趋于更加体系化、合理和深入。在知识传递过程中，如果不能充分注意到（法学）知识发生的最新变化，恪守既有的知识体系，定然就无法满足知识传递的系统性和专门性要求。当前，法学院系培养的人才进入社会后，之所以需要很长的职业适应期，一个非常重要的原因就是对法律前沿知识把握程度不够。对（法学）前沿知识的把握向知识传递者提出了更高的要求，他们不仅要将知识系统而专门地传递出去并要注意传递的方式和效果，更要对前沿知识加以追踪、研究、分析和把握，并要进行研究型教学。由此，大学教师从知识传递者变成知识研究者。研究的手段有很多种，以专著、论文等物化形式体现的方式是最为典型的表现样式。大学教师从事学术研究，不应被外在的约束性条件所驱动，而应由现代大学功能和大学教师角色的内在规定所决定。由于当前高校对大学教师学术研究的评价更加重视物化的形式，使得科研评价制度不仅自身的目的没有实现，反而影响了教学的展开和人才的培养，[1]从这个角度看，需要重新审视评价制度与现代大学本身的内在关系，需要重新审视评价方式的合理性。

就知识的本性而言，其不仅能够回应社会分化的需要，更重要的还在于知识所具有的评价和引领功能。一如葛洪义所言："法哲学必须与现实保持距离，超越现实，也就是保持自己对现实的批判能力。"[2]知识的评价和引领功能可以以各种物化的形式表现，如法律、道德、技术等。以知识的物化形式——法律为例，法律之所以需要被废改立，就在于原有的法律条文不符合法律的内在道德和外在道德要求，例如法律可能会影响人的合法权利的实现、影响市场经济效率的提升，或者法律自身内部存在混乱、不协调等，此时就需要对法律问题进行创新性研究，生产出更加符合法律德性要求的知识。从知识与社会关系

---

〔1〕 张曙光：《学术评价乱象：表征、诱因与治理——基于量化评价的视角》，载《湖南师范大学社会科学学报》2016 年第 3 期。

〔2〕 葛洪义：《法与实践理性》，中国政法大学出版社 2002 年版，第 148 页。

的视角看，现代大学要是不能进行知识的创新性研究，就极有可能会被社会淘汰。涂尔干在对欧陆的法团问题研究时就曾敏锐地指出："法团没有随着时间的推移而改变，丝毫不受影响；法团依旧死守着自己过去的方式和习惯，对人们全新的要求无动于衷。这里，我们看到了法团名誉扫地的另一个根源。"[1]由此可以看出，包括法学院系在内的现代大学/大学教师，如果仅仅在（法律）人才培养过程中进行（法律）知识的传递显然是不够的，只有将自身锻造成创新知识的生产者，才能符合现代大学本身的内在规定性。

由上可知，在（法律）人才协同培养的过程中，现代大学（法学院系）应发挥好系统、专门知识掌握及抽象能力建立功能；为此，知识的行动转化能力的培养和道德感、历史感的形成则需要借助其他主体来实现。

## 三、地方在（法律）人才培养中的功能

地方是一种笼统的说法，在当前的语境中，与学校相对应的地方主要指的是能够为学生实践能力养成提供机会和平台的机构。在法律人才实践能力的训练中，地方主要指的是公检法司等政法机构、地方人大、政府法制部门以及各类企业、律师事务所等机构。

地方各部门是将知识应用到实践中的中介，在这个过程中，需要在知识与实践间来回穿梭。由于实践是具体而复杂的，即使是同一问题，在不同时间、不同空间及不同阶段，对知识的要求可能都不一样，这要求我们必须要创造性地运用知识，也恰恰是在知识的创造性运用过程中，将知识转化为行动的实践能力得以养成。地方部门在（法律）人才培养过程中，并非通常所理解的简单的实践场所，其更是知识与问题相互交锋和融合之处。如以法院作为实践基地时，就意味着法律人才要将所学的法律知识与

[1] ［法］涂尔干：《职业伦理与公民道德》，渠敬东译，商务印书馆2015年版，第15页。

具体案件相互结合；当以拥有地方立法权的人大作为实践基地时，就意味着法律人才要将所学的法律原则和立法技术转化为具体的法律条文。地方部门在（法律）人才培养过程中的功能，对学生来说意味着检验和提升自身将所掌握的知识转化为实践的能力，防止眼高手低问题的出现；也是在实践的过程中，能够发现自身知识掌握上的不足与盲点，为知识体系的丰富与完善提供机会。

李立国曾指出："高等教育的变革与发展日益取决于社会的需求与变化，高等教育已不再是一个独立的系统，而是成为社会大系统中的一个有机连接的子系统，并且是一个越来越重要的子系统。"[1]所以要重视学校与地方之间的有效互动，地方部门在（法律）人才培养中功能发挥的机制有二：一是人员的互动。可以采用走出去和请进来相结合的方式，一如刘艳红所言："在西学东进后渐成自恰、独立于司法实践的法学理论体系的背景下……需要开放传统法学教育自给自足的相对封闭体系，凭借法律职业共同体优势，实现与司法实践部门的密切交流互动。"[2]所谓走出去，就是大学教师到地方部门中去调研、挂职等，调研和挂职不应仅具有形式性，更应重视知识的实践转化和实践的问题凝练，知识的实践转化检验了知识的有效性，实践的问题凝练为知识的创新提供了基本的保障。所谓请进来，则是将地方部门中具有丰富实务经验和一定思考能力的工作人员引进课堂之中，丰富的实务经验保证了他们在课堂中具有向学生提问和检验学生知识的能力，一定的思考能力保证了他们不至于陷进具象之中而能够以相对条理化的方式将所掌握的经验传递出来。通过走出去和请进来相互结合的方式，最大程度促进知识与实践的互动，为法律人才实践能力的养成提供参照，为知识的创新提供可能性。二是可以采用

---

〔1〕 李立国：《什么是现代大学》，载《中国人民大学教育学刊》2013 年第 2 期。

〔2〕 刘艳红、李川：《职业养成型法学教育的反思与形塑》，载《中国法学教育研究》2016 年第 2 辑。

建立数据库的形式来推进学校与地方在知识上的互动。[1]走出去和请进来会受到各种具体条件的制约。以请进来为例，既受到课程安排的约束，也受到请进来人员自身要求的制约，更受到请进来人员工作安排的制约。总之，走出去和请进来都是范围相对窄、方式相对单一的方式。但知识上的互动则是一个涉及面宽、开放和跨越时空的互动方式，具体主要指的是实务部门将所碰到的问题及凝练的经验转化为知识形态并与高校进行互动，高校在地方部门遇到疑难问题时可以扮演咨询和建议者的角色，遇到经验凝练时可扮演知识归类和归纳者的角色。数据库的建设，可以为知识与实务、现代大学与地方部门之间持续而有效的互动提供保证。

要实现地方在（法律）人才培养中的功能，需要对地方机构的内在结构及认识加以审视。现代社会是一个功能分化社会，不同的机构在社会结构中所担负的功能有所区别，任何一个具体的机构为推动自身社会功能的实现，都在内部构建了相应的分工体系和责任机制。以实现自身功能为目的的分工体系意味着不可能为短期的、临时性的实践提供空间，责任机制的存在意味着个人和组织都不能/不愿意将相应的岗位职责由短期、临时而无法承担责任的主体来担任。所以，地方机构要较好地嵌入（法律）人才的培养中，不仅需要在内部结构和责任机制上为他们留下特定的空间，更需要地方机构重新审视自身的人才培养职能。其实，从效率的角度看，如果地方机构能为（法律）人才实践能力的养成提供空间，则可以缩短他们的职业适应期，也有利于人才的定向培养，这对大学和地方来说都可以产生互利共赢的结果。

---

〔1〕 林海在对德国帝国枢密法院的转型研究时就发现："'格式诉讼'处理法律关系的过程，同时也是将其归类于某一规则体系的过程。……当无法归类时或归类冲突时，法院可以采用'案卷移送'的方式，'送回'法学院进行模型的'再加工'——法学院由此不断发展出复杂的归类规则与例外。不难想象，这样累积下来的'德意志化'的罗马法类型，对于十九世纪的《德国民法典》及其他的近代化法律，有着怎样的促进作用。"参见林海：《帝国枢密法院——司法的近代转向》，中国法制出版社2010年版，第128页。

## 四、民盟在（法律）人才培养中的功能

民盟是卓越法律人才协同培养过程中的一个重要主体，发挥着自身的独特功能。这里需要交代的是，民盟仅是人才协同培养主体的一个代表而已，恰好由于史良法学院是常州大学与民盟中央共建的产物，也恰好史良法学院的成立暨快速发展是本文研究的对象，故而才以民盟为例。民盟在法律人才培养过程中的功能就在于，通过发挥自身参政议政功能、借力先贤人物精神及整合高级法学人才，有效地推动了法律人才职业伦理和历史使命感的塑造。

民盟作为我国的参政党之一，在共产党的领导下发挥参政议政的功能。如前文所言，法学不仅是一门解决日常生活纠纷的学问，更是一门关于治国理政的学问，例如政治体制、央地关系等，都需制度化的方式加以规范和保证。由于当前大学生对法律的理解更多的是停留在日常关于法律的理解层面上，帮助他们形成完整的法律观念就显得十分紧迫。通过将法律人才的培养嵌入发挥民盟参政议政功能的过程中，则有助于上述目的的达成。参政议政需要非常多的具体载体，提出各种有建设性、针对性的提案则是其中最具有代表性的载体。如李春生所言："民主党派参与公共政策制定，可以发挥的更大空间就是体现在公共政策输入过程这一环节。公共政策输入过程的归结点是将问题变成政策议程。民主党派围绕问题进行调查研究，形成意见建议，并以各种渠道输入到决策层，最终的目的是期待这些意见建议能被关注、被采纳。"[1]让大学生参与提案前期的材料收集环节，则有利于培养他们将知识转化为行动的能力；让大学生参与进提案的创作中，则有助于他们加深对法律的理解。

民盟还有着非常深厚的历史文化渊源，诸多领导人都是法学界、社会学界等享誉盛名的人物，如沈钧儒、费孝通、黄炎培及

〔1〕 李春生：《民主党派参与公共政策制定研究》，载《观察与思考》2013 年第 11 期。

钱伟长等，通过对具体人物光辉一生的理解和认识，有助于学生形成将知识嵌入社会发展中的历史使命感。值得检讨的是，当前法学院系在进行法律人才培养时，更多关注的是对法律技能的培养，而忽略了对职业伦理和历史使命感的关注。为此，有很多学者建议在大学开设法律职业伦理课。需要警惕的是，职业伦理本身是一种较为抽象的道德性要求，掌握纸面上的道德要求非常简单，而将其转化为具体行动过程中的约束性要求就可能会显得难以操作。问题出现的根本原因还在于，所培养的法律人才未能真正地理解、体会和接受职业伦理，在于他们的抽象思维能力不够。套用焦富民所言就是："法律职业伦理是触及人类心灵的问题，并非简单的讲授、记忆、考试所能养成的，而是需要长期的熏陶、言传身教和耳濡目染。"[1]常州大学史良法学院作为一所以史良名字命名的法学院，主要通过让学生了解和学习史良精神的方式，来培养和塑造他们的职业伦理意识和历史感。有人这样对史良概括道："延陵有君子，铁肩担道义为生民立命；开国女部长，妙手著法统替天地正心。"这副对联具体而形象地勾勒了史良的一生，通过讲述史良利用法律来帮助弱势群体、根据法律在"七君子事件"中据理力争的故事，[2]表明了史良作为法律人对法律的理解和追求，表明法律既与法律条文有关，更与公平正义有关。当然，通过具体的事例、感性的认识来帮助学生塑造道德感和历史感的方式、人物定然还有很多，史良只不过是其中的一个典型代表而已。

民盟还是一个汇聚高级知识分子的团体，通过整合民盟盟员中的法律人才，例如将民盟的优质法律人才资源导入法律人才的培养过程中，让其直接给学生授课，这既有利于丰富学生知识体系，更有利于完善大学教师知识体系和教学能力；还可以将民盟

---

〔1〕 焦富民：《"法治中国"视域下法学教育的定位与人才培养机制的优化》，载《法学杂志》2015年第3期。

〔2〕 张建：《道成肉身：透过史良的法律世界》，载《常州大学学报（社会科学版）》2014年第5期。

的优质法律人才资源导入人才培养的过程中，他们自身的奋斗史、眼界见识及社会承认的获得等，都是一个个鲜活而具体的案例，有助于养成学生追求高深学问的兴趣和追求卓越的信仰。当然，通过其他的方式也同样可以达到上述效果，例如建立学校与学校之间的互动联系，但无论何种方式，必然都需要通过一定的平台和机制来将相应的资源要素整合起来。

## 五、结语

（法律）人才的培养是一个复杂而系统的过程，在社会分工日益细化的当下，需要多方协同发挥各自的优势才能实现培养卓越、合格人才的目的。多方协同并非是随意和形式上的协同，一定是根据（法律）人才的内在规定性和内在构成要素，选择合适的主体并根据各自功能的发挥进行协同。受制于多种因素，协同的主体可能并不尽然符合（法律）人才培养的要求，那么就需要逐渐调整不同主体各自可能的功能。最为紧要的是，（法律）人才的内在规定决定了协同主体及它们的功能发挥，而非相反。

# 课堂与教学

*Curriculum and Teaching*

# 教学研究型大学培养法学本科生研究能力初探

◎高长富 *

**摘　要：**教学研究型大学当以培养法学本科生应用研究能力为重点。充分利用案例分析环节，以虚拟案例研究培育学生法律案例生成研究能力；用真实案例训练学生案例处理研究能力。借助法律条文解析教学，以碎片化与系统化研究相结合的思路，借助翻转课形式和立体法学研究方法，历练学生的法律条文研究能力。

**关键词：**教学研究型大学　法学本科生　研究能力培养

为了廓清各本科院校人才培养疆域，实现大学错位发展，学者们对我国大学分类展开了探索，其中，较为有影响力的分类是以大学科研计分为标准，将大学分为研究型、研究教学型、教学研究型和教学型[1]。由于各类大学科研水平等次不一，在对法科学生研究能力的

* 高长富，男，湖南龙山县人，吉首大学法学与公共管理学院教授，硕士生导师；湖南省刑法学研究会副会长。

〔1〕 武书连：《再探大学分类》，载《中国高等教育评估》2002 年第 4 期。

培养上，重视程度不同。一般而言，研究型大学最为重视，研究教学型大学次之，教学研究型大学的重视程度位例第三，教学型大学基本忽略学生研究能力培养。即便是重视研究能力培养的大学，对于培养什么样的研究能力，怎样培养学生研究能力，也是观点不一，做法迥异。为此，笔者以厘清教学研究型大学培养法学本科生研究能力为旨，以《刑法总论》教学为例，浅谈学生研究能力的培养。

## 一、教学研究型大学应重点培养法学市科生应用研究能力

### （一）各类型大学培养法学本科生的基本取向概览

基于各类大学人才培养基本定位的差异，各类大学法学本科生的培养取向也不尽一致。研究型大学取向于培养理论研究型法学本科人才，人才特质是擅长法学基础理论研究，但法律实务技能偏弱。研究教学型大学和教学研究型大学，虽然均强调双兼顾，但因两者偏向不一样，培养法学本科人才的取向也略有区别。研究教学型大学偏向研究型，其培养法学本科人才的取向更倾向于理论研究型。人才特质是法学理论和应用研究水平均处高位，理论研究水平稍高于应用研究水平，但法律实务技能一般。教学研究型大学偏向于教学型，其培养法学本科人才的取向更倾向于实务应用型。人才特质是擅于法学应用研究，法律实务技能很强。教学型大学趋向于培养实务应用型法学本科人才，人才特质是法律实务技能强。较言之，研究型大学培养的法学本科人才理论研究能力最强，法律实务技能最弱。研究教学型大学培养的法学本科人才理论研究能力次于研究型大学，高于教学研究型大学和教学型大学；应用研究能力低于教学研究型大学，高于研究型大学和教学型大学；法律实务技能高于研究型大学，低于教学研究型大学和教学型大学。而教学研究型大学培养的法学本科人才与研究型大学相比，理论研究能力弱，但应用研究能力、法律实务技能更强；与研究教学型大学相比，理论研究能力略低，应用研究能力略高，法律实务技能更强。与教学型大学比，虽然培

养出的法学本科人才在法律实务技能方面都很强，但由于教学研究型大学重视学生的应用研究能力训练，培养出的法学本科人才有应用研究能力作补充，因此，教学研究型大学培养的法学本科人才之法律实务技能更强。教学型大学培养的法学本科人才法律实务技能强于研究型和研究教学型大学，研究能力最弱。换言之，研究型大学取向于培养法学理论研究大师；研究教学型大学培养取向更偏向于法学理论研究大师；教学研究型大学法学本科生的培养取向更偏向于法律实务大师；教学型大学则取向于培养法律实务工匠。

### （二）教学研究型大学培养法学本科生应用研究能力诠释

以前述各类大学法学本科生培养基本取向为依据，以培养法律实务大师为逻辑起点，可以得到结论：教学研究型大学对法学本科生研究能力的培养重点是法学应用研究能力。

以研究对象为标准，法学应用研究能力可分为法律案例研究能力与法律条文研究能力。法律案例研究能力包含案例生成研究能力和案例处理研究能力。案例生成研究以掌握案例片面信息为前提，目的是还原案例本真。案例生成研究能力培养旨在提升学生沿着已知的蛛丝马迹寻找案例全部事实的技能。案例处理研究以掌握案例全面信息为前提，终极目的是“让广大人民群众在个案中感受到公平与正义”。案例处理研究能力培养意在提高学生结合案例事实，准确适用法律的技能[1]。法律条文研究能力有广义和狭义之分，狭义的法律条文研究能力是对法律条文内涵、外延以及蕴含的法律精神进行研究的能力。研究能力培养目的局限于满足现实办案准确适用法律的需要，例如在法律案例研究过程中，对案例关涉法条进行研究的能力。广义的法律条文研究能力不仅包括对法律条文内涵、外延以及蕴含的法律精神进行研究的能力，还涵括对法律条文存在的问题和完善措施进行研究的能力。研究能力的培养旨在培育学生的法律创新意识，提升学生的

---

〔1〕 胡肖华、谢忠华：《应用型法学人才的培养与参与型教学模式的探索与实践——以湘潭大学法学院为样本》，载《法学教育研究》2011 年第 2 期。

法律理解力，提高学生发现法律问题，完善法律制度的能力[1]。毕竟只有理想法律制度的面世，才能有理想法律实务的问世。因而，培养学生的法律条文研究能力应当取广义概念。

值得注意的是，在法学应用研究能力培养过程中，要充分运用平面法学研究方法与立体法学研究方法。平面法学研究法以尊重法学学科独立性为理念，强调在法学的经度与纬度范围内对法学进行研究。立体法学研究方法以法学与相邻学科之间的关联性为考量，强调在法学研究过程中，不能局限于法学的经度与纬度，应当引进法学相邻学科对法学予以拷问。平面法学研究方法适用于低年级学生，立体法学研究方法主要适用于高年级学生，但在低年级学生研究学习过程中适当推行也是必要的，可以为其今后熟练掌握立体法学研究方法奠定基础。在法学应用研究能力培养过程中推崇立体法学研究方法，深层次原因是缘于现代法律人的视野特质。现代法律人与传统法律人视野特质的区别在于：传统法律人只具法律视野，匮缺法律外视野；而现代法律人不仅具备法律视野，而且拥有法律外视野。事实上，法律视野仅决定法律人职业发展空间的经度，决定法律人职业发展空间纬度的是法律外视野。只有视野“经度”与“纬度”的最大化，才能实现法律人职业发展空间的最大化。

## 二、利用案例分析教学环节培育学生法律案例研究能力

### （一）以虚拟案例研究培育学生案例生成研究能力

以学生拥有案例生成研究的基本技能为出发点，在教学过程中，时常提供虚拟案例让学生们进行案例生成研究锻炼，如在讲授“犯罪的主观方面”时，便给学生布置一个半开放性虚拟案例，让他们在课前开展案例生成研究。案例为：甲在山上打猎，最后导致了乙的死亡。要求学生据此生成六个案例，分别是直接故意杀人案、间接故意杀人案、疏忽大意过失致人死亡案、过于

---

〔1〕 李爱玲、张岚：《本科法学专业学生法律创新能力培养目标分析》，载《河南教育：高校版》2009 年第 9 期。

自信过失致人死亡案、意外事件、不可抗力事件。

学生根据提供的虚拟案例，能够获得的信息仅仅是乙死亡了、乙的死亡由甲的行为导致、案发于山上、打猎过程中。学生为了生成六个案例，首先，要对四种罪过和两类事件的基本构成进行比较，进而寻找出罪过与罪过之间、罪过与事件之间和事件与事件之间的差异。其次，要依据获得的“差异”，设定各案例生成需要满足的条件。以直接故意杀人案为例，第一步，学生必须明确直接故意的基本构成，理解掌握直接故意的关键词“明知”与“希望”，因为直接故意是明知自己的行为会发生危害社会的结果而希望这一结果出现。第二步，从认识因素出发，设定能够佐证甲“明知”会致乙死亡的证据。在寻找“明知”证据时，必须从主观和客观两个层面出发。从主观层面考量，甲如果“明知”会致乙死亡，则必须满足两个条件：①甲年满 14 周岁，“年满 14 周岁”是甲构成直接故意杀人案主体之必须条件；②甲精神正常，“精神正常”是甲对自身杀人行为具有辨识和控制能力，进而承担刑事责任的前提条件。从客观层面出发，甲如果“明知”会致乙死亡，则必须满足三个条件：①甲必须是已经发现了乙，即当时的能见度高；如果能见度低，甲难以发现或根本不能发现乙，则谈不上“明知”，很可能属于疏忽大意过失致人死亡案或意外事件；②乙必须在甲的枪支射程范围内，如果乙在甲的枪支射程范围外被杀，则很可能是不可抗力事件或意外事件；③甲与乙之间不存在阻止子弹停止或改变方向的障碍物。即甲射出的子弹能够顺利击中乙；如果有障碍物仍然击中了乙，则宜定性为意外事件或不可抗力事件。第三步，从意志因素出发，设定能够佐证甲“希望”致乙死亡的证据。在寻求“希望”证据时，也必须从主观和客观两个层面出发。从主观层面出发，甲如果“希望”致乙死亡，则甲应当具备必须杀死乙的客观理由。因为一个正常人要杀死另一个人必然有其杀死对方的理由。假如甲与乙有不共戴天之仇，便可支持甲形成杀乙动机。只有甲具备了杀乙动机，才可能证明甲“希望”的存在。如果相互间只有较小的仇恨，则很难认定为直接故意杀人，更可能属于直接故意伤害案。从客观层面出发，甲如果“希望”致乙死亡，则必须是甲开枪射击的目标是乙。如果甲是针对猎物开的枪，即使致乙死亡，也不能构成直接故意杀人案，而应当根据不同情形分别定性为间接故意案、过于自信过失案、意外事件和不可抗力事件。

这一案例生成研究实训，一方面，使学生掌握了四种罪过和两类事件的基本构成；另一方面，学生通过对六个案例所需条件的大量假设和仔细推敲，配置出六个案例所需全部条件，锻炼了自身发散思维和收敛思维能力，从而初步掌握了案例生成研究的技能。

### （二）以真实案例研究培育学生案例处理研究能力

案例处理研究能力的训练方法是经常选取真实的典型热点案例供学生研究讨论。如在讲授“正当防卫”时，便引进了在社会上引起轩然大波并在学界引起激烈讨论的山东聊城“于欢案”。“于欢案”之所以成为典型热点案例，一方面是因为两审法院的判决差异大。一审判决：被告人于欢犯故意伤害罪，判处无期徒刑，剥夺政治权利终身。理由是被告人于欢和其母亲的生命健康权利被侵犯的现实危险性较小，不存在防卫的紧迫性，于欢持尖刀捅刺被害人不存在正当防卫意义的不法侵害前提。二审判决：撤销山东省聊城市中级人民法院（2016）鲁 15 刑初 33 号刑事附带民事判决第一项刑事部分；上诉人（原审被告人）于欢犯故意伤害罪，判处有期徒刑五年。依据是原判认定于欢犯故意伤害罪正确，审判程序合法，但认定事实不全面，部分刑事判项适用法律错误，量刑过重。另一方面是刑法学界众说纷纭。有的学者认为于欢的行为应按正当防卫处理，有的学者则认为宜以防卫过当判处；有的学者支持一审判决，有的学者则认为二审判决更加公平。

为了“于欢案”研究讨论取得预期效果，我们以翻转课堂的形式安排了教学。首先，准备了“于欢案”的事实材料，拟出了案件争议的四个焦点，即于欢的行为是否具有正当防卫的起因条件；于欢的行为是否具有正当防卫的意图条件；于欢的行为是否超过了正当防卫的必要限度；于欢的行为能否认定为防卫过当而应予以减轻处罚。归纳了“于欢案”的三种处理意见，即于欢的行为属于正当防卫，应无罪释放；于欢的行为属于防卫过当情形下的故意伤害罪，应当减轻处罚；于欢的行为与防卫无关，应按一般故意伤害论处，不能减轻处罚。其次，将准备好的案件材料在课前向学生们进行公布，并提示学生处理案例时应当注意法律效果与政治效果、社会效果的统一。再次，让学生用一天的时间对案例进行研究，形成案件处理初步意见。并根据处理意见的不同，将学生分成3个小组，提醒各小组围绕焦点问题以小组为单位展开课前研究。最后，由每个小组选派1位代表在课堂上阐述小组观点，全体成员接受同学们质疑，听教师点评。

课堂上，各小组的观点，概而言之，有的能够自圆其说，有的被进一步追问后，难圆其说；有的观点与依据互相配合，有的观点与依据相互矛盾。尽管如此，学生们通过这一典型热点案例研究训练，熟悉了正当防卫、防卫过当等刑法知识，了解了刑事案例处理的基本规则，初步具备了刑事案例处理研究能力。

## 三、借助法条解析教学环节培养学生法律条文研究能力

对于学生法律条文研究能力培养，一是推行了碎片化研究，二是开展了系统化研究。碎片化研究是选取个别法条进行深入研究；系统化研究是以同一系统的刑法条文为对象进行的精细化研究。在碎片化研究和系统化研究实施过程中，一律要求学生用怀疑的眼光审视一切，用科学的方法解读一切。既要有逆向思维，敢于挑战立法者，又要以立法条文错误为假设，寻求支持假设成立的证据。只有经过自身大脑过滤，充分进行思维发散，证明自己的假设不成立，才能认可该法条。强调学生重视立体刑法学研究方法〔1〕，不仅要从刑法学的角度丈量刑法制度，而且要将研

〔1〕 刘仁文：《提倡“立体刑法学”》，载《法商研究》2003年第3期。

究视域拓展到其他法学以及政治学、社会学、管理学、经济学、伦理学、逻辑学等相邻学科，从刑法之外吸收营养研究刑法，进而丰富完善我国刑法制度。

### （一）以碎片化研究淬炼学生法律条文研究能力

碎片化研究是在刑法第一章的刑法的任务、基本原则和适用范围条文、第二章的犯罪条文和第三章的刑罚条文范围内选择部分重点法条展开零碎但深入的研究。下面选取两个教学案例简述学生法律条文研究能力的训练。

第一，刑法三大基本原则教学。首先，布置学生课前研究学习刑法三大基本原则。提示学生在研究过程中，要以我国刑法的三大基本原则存在问题为假定，寻找现实存在的问题以及解决问题的措施；要充分发散自己的思维，追问是否还存在第四大、第五大基本原则？如果存在，它们是什么？并列举理由。其次，安排学生在课堂上发表自己的见解。经过课前研习，加之教师课堂启迪，学生们得出了一系列有价值的观点，如我国刑法的三大基本原则规定欠科学，一是质的问题，二是量的问题。从质的层面说，第一个原则“罪刑法定”缺少对刑事责任的关注。依据适用刑法的要求，不仅罪与刑要法定、刑事责任也需要法定。因而，“罪刑法定原则”应当修改为罪责刑法定原则，内涵包括定罪法定、追责法定、施刑法定。第二个原则“法律面前人人平等”缺乏刑法针对性。其属全部法律适用的基本原则，且与第一个、第三个基本原则表述不一，应当更正为罪责刑平等原则，内涵为定罪平等、追责平等、施刑平等。从量的层面讲，至少应当将罪责刑宽容原则纳入刑法的基本原则范畴。罪责刑宽容原则是指定罪宽容、追责宽容、施刑宽容。这一原则列入基本原则，既契合世界刑法轻缓化大趋势，便于与世界刑法接轨，也符合政治、伦理、社会、管理之追求，理当在刑法的适用过程中贯彻遵循。

第二，《刑法》第13条犯罪概念教学。课堂上，教师要求学生用20分钟时间找出本条文存在的问题，重构犯罪概念。学生们经过研究讨论，得出如下观点：首先，从逻辑学的视角考量。

条文中使用两个“社会”的概念，但概念的内涵和外延不一致；对危害性行为的排列杂乱无序，主次混乱；定义过于冗长，欠简洁。其次，自刑法的角度判断。①在归纳危害行为时，没有将“危害公共安全”的危害行为纳入其中，缺乏说服力。因为这一危害行为是刑法中的主要危害行为。②“一切危害社会的行为，依照法律应当受到刑罚处罚的，都是犯罪”存在不足。一是将犯罪行为界定为“危害社会的行为”不当。依据是犯罪不仅危害社会，还可能危害国家和个人。即便危害社会的行为涵盖危害国家、社会和个人仍然不妥，理由是危害社会属于政治学术语，使用侵害法益更为理想。二是这里的“法律”应当直接表述为刑法，如此才有针对性。三是“应当受到刑罚处罚的，都是犯罪”表述存疑。依据是犯罪不一定受到刑罚处罚，承担刑事责任的方式包括接受刑罚处罚和非刑罚处罚。即犯罪后，罪犯既可能受到刑罚处罚，也可能受到非刑罚处罚，甚至同时受到两种处罚。判断行为构成犯罪的根本标准是刑事责任，应当承担刑事责任的是犯罪，不应当承担刑事责任的就不是犯罪。依据上述观点，学生们总结出了犯罪的新定义：一切侵害法益，依照刑法应当承担刑事责任的行为是犯罪。这一定义简洁明了，并揭示了犯罪的基本特征，即法益侵害性、刑事违法性、应受刑责性。

### （二）以系统化研究提升学生法律条文研究能力

经过碎片化研究，学生的法条研究能力得到了初步锻炼。为了进一步提升学生法律条文研究能力，检测碎片化研究的效果，借助学生自主研究型教学模式，以同属一个系统的 10 项刑罚具体运用制度为对象，实施了法律条文系统化研究。

学生自主研究型教学模式运用于《刑法总论》教学的最后阶段，时间为 3 周。教学形式为翻转课。概言之，就是学生课前研究、课堂展示和课后总结。具体做法是：一是将全班学生分为 10 个小组，要求学生以组为单位开展课前自主研究学习。二是将量刑制度、累犯制度、自首制度、立功制度、数罪并罚制度、缓刑制度、减刑制度、假释制度、时效制度和赦免制度等 10 项刑罚运用制度，通过抽签方式分配给各个小组开展研究型学习。三是各小组课前集体完成安排的研究学习任务后，拟出所研究制度的制度现状、存在的问题、解决问题的具体措施，在此基础上，形成 PPT 课件。四是每个小组安排 3 人以 PPT 为媒介进行课堂授课训练，时间为 25 分钟。待 3 人授课完毕，小组其他成员组织同学们讨论，回答同学们提出的问题，时间为 15 分钟。讨论结束，由教师点评、打分，时间为 5 分钟。五是课堂实训结束后，要求每小组撰写不少于 500 字的实训总结。六是各小组整理归档实训材料，并提交电子档和纸质文档各一份。教师根据学生课堂实训得分和提交的材料情况，采用捆绑式计分方式，给每个小组评出实训总分，并以 40% 的比例计入学生平时成绩。

学生通过自主研究型教学实训，取得了丰硕成果。首先，找出了“10 项刑罚运用制度”存在的系列问题，例如，法官在适用从轻、减轻和免除处罚的量刑宽容制度时自由裁量权过大；未成年人无累犯的一刀切制度不利于抑制未成年人严重的暴力犯罪；缺乏一般立功与自首共存情形下的宽容规则；作为暂不执行刑罚的缓刑内容与执行刑罚的管制刑内容基本一致不科学；累犯不能假释不利于罪犯的改造；缺乏弹性追诉时效制度，有违个别化原则等。其次，提出了优化“10 项刑罚运用制度”的创新性观点，例如，建立量刑宽容制度的适用规则，明确法官哪些情形下应当启动量刑宽容权，什么情况下应当选择何种等次的宽容处罚方法；建立未成年人严重暴力犯罪累犯制度；构建一般立功与自首共存情形下的宽容法则；差异化建构缓刑与管制刑的内容；建立区别于一般罪犯的累犯假释制度；构筑弹性追诉时效制度，保留对超过追诉时效，但主观恶性仍然很大的罪犯刑事责任追诉权等等。最后，学生不仅进一步提升了发现问题、分析问题和解决问题的法律条文研究能力，也不同程度锻炼了学生的团结协作精神、手才和口才，为今后学生步入社会彰显司法公平与正义铺垫了一块基石。

# 法律影视资料在刑事诉讼教学中的碎片化运用研究*

◎闫召华**

**摘　要**：刑事诉讼教学中虽然适宜引入法律影视资料，但却受到刑诉课程的有限学时与影视资料的繁杂冗长、课堂教学的应有节奏与影视资料的独立叙事、刑诉知识的潜在呈现与影视故事的外部吸引之间三重矛盾关系的制约。而构建影视片段库，实现影视资料基于刑诉知识点的碎片化和基于刑诉知识谱系的系统化，并将影视片段通过简单展示、样本精析、专题研讨等方式应用于刑诉教学中，既能充分发挥影音作品的教学作用，又能最大限度地减少其负面效应，是破解刑诉影视教学之传统困境的有效路径。

**关键词**：影视资料　刑事诉讼教学　碎片化　运用方式　障碍

---

* 本文系西南政法大学教育教学改革研究重点项目（编号：2016B05）“法庭电影在刑事诉讼教学中的碎片化应用研究”的阶段性成果。本文写作得益于课题组成员邓帅彪、朱自强、郝瑾、李艳飞等所做的影视资料收集、剪辑，特别是朱自强所做的资料汇总分析工作，在此表示感谢。

** 闫召华，西南政法大学法学院副教授，法学博士，硕士生导师，最高人民检察院应用法学研究基地副主任。

## 一、引言

由于以诉讼程序为研究对象，刑事诉讼法学具有非常强的实践性和操作性，而反映刑事诉讼实践的法律影视作品又数量众多，广受欢迎。因此，在刑事诉讼教学中运用法律影视资料具有独特价值和优势。法律影视资料不仅可以使刑事诉讼课堂教学更加生动、弥补传统语言讲授法的缺陷，还可以提升学生参与度、拓宽学生视野。从方法论上看，围绕法律影视剧进行讲授、分析问题的最大优点之一就是故事的开放性、可解释性：通过引导学生关注法律故事中刑事诉讼议题的呈现方式、程序发展的多种可能性，可以培养和提升学生在乱象中捕捉实质信息、突破单线思维定势、独立分析判断的习惯和能力，从而提供一个学生从不同视角考察问题、自由进入对话的场域，一个更具可塑性、包容性的教学空间。

然而，调研发现，开设法学专业的六百多所高校在刑事诉讼教学中运用法律影视资料时绝大多数处于自发和散漫状态：学校不重视，师生不积极，选材无标准，实施缺方案，事前无设计，事中无指示，事后无评价，运用效果极为有限。特别是，有限学时的巨大压力成为影视材料规模化、系统化运用的最大障碍。而相关的教法研究也非常薄弱，甚至没有一篇专门研究法律影视资料诉讼法教学运用的文章，未能提供有效的理论指引。鉴于此，本文以法律影视资料的碎片化重整为基本思路，深入分析提高刑事诉讼教学中影视资料运用质效的途径和方法，以期能对刑诉课电影教学法的改革与完善有所助益。

## 二、为何碎片化：刑诉教学中影视资料传统运用方法的局限

在刑事诉讼教学中引入法律影视资料，不仅可以弥补传统语言讲授法的缺陷、促进学生的参与、发挥参与式教学的优势，而且可以增加模拟案例教学，提高学生运用知识的能力。同时，拓宽学生视野，培养其法律精神和信仰。虽然运用影视资料能够改

善刑事诉讼教学效果，然而，实践表明，刑事诉讼教学中影视资料的引入率并不高，教师和学生对该种教法并不是特别认可。究其原因，不外乎受到以下三方面矛盾关系的制约：

第一，刑诉课程的有限学时与影视资料的繁杂冗长。刑事诉讼法学虽是法学专业的主干课程和基础学科，但受到一减再减的理论课总学时的限制，[1]培养计划中的设计学时一般都是64学时（一个学期，每周4学时），有的专业甚至只有48学时（一个学期，每周3学时）。就教学内容而言，刑事诉讼法学既要讲授刑事诉讼的基本原理、基本原则和基本制度，还要讲授刑事诉讼的一般程序和特殊程序。2012年刑事诉讼法大修后和相关司法解释井喷式出台，相关司法改革也进行得如火如荼，刑诉法的教学内容还在不断充实和更新。有限的教学学时与不断膨胀的课程内容之间的矛盾日益突出。刑诉法教师能在规定学时内讲完重点内容实属不易，特别在后半学期，基本是以每次课讲授三到四章的进度快速推进，有关知识点只能点到为止，不容许进行过多发挥。在此背景下，尽管使用影视资料可能会在一定程度减少教师的语言讲授负担，但教师也根本没有时间使用。

第二，课堂教学的应有节奏与影视资料的独立叙事。在刑诉教学中，不管使用哪一种教学方式，不管是以教师为中心，还是以学生为中心，要想提高有限学时的利用率，提升教学质效，营造合适的教学氛围，把握良好的教学节奏都是非常必要的。这就要求教师在组织课堂教学时，要在深刻理解教学内容、熟悉教学对象特点的基础上，善于控制教学的缓急快慢场面，使课堂始终处于宜于知识接受和能力培养的律动变化之中，做到快慢变换、动静交替、疏密有间和张弛有度。在语言讲授式教学中，教学节奏相对容易把控。但如果使用影视教学法，每一个资料通常都有自己的主题、逻辑、故事和叙事节奏，很难与教师的讲课节奏进行有机融合、无缝对接，特别是播放时间较长时，更会显得与课

〔1〕 唐睿明、王棣华：《当前高校教学改革的基本思路和实现措施》，载《新校园：理论版》2010年第1期。

堂教学格格不入，破坏原本由教师把控的固有教学节奏。

第三，刑事诉讼知识的潜在呈现与影视故事的外部吸引。可以用作刑诉教学素材的影视资料大体分为三类：电影、电视剧和短节目（短视频）。电影和电视剧可能涉及刑事诉讼的理论、程序和知识，但是，限于主题和叙事要求，一般不会将这些刑诉教学中所重视的因素在电影或电视剧中以 C 位呈现，更多的是在影视故事的光影之下，辐射出一些教学内容。短节目（段视频）中只有一小部分是专门展现刑诉知识的。例如一些为教学目的而拍摄的示范庭审录像，其他绝大部分都主要着眼于刑诉知识之外的价值和意义——故事本身的教育、启迪或震慑作用。就对学生的吸引力而言，恰恰是故事情节、演员的表现和影视主题这些更加直接的感官刺激更容易吸引注意，而潜在的刑诉知识只是配角或故事的注脚，很难留下深刻印象。

上述困境是刑诉影音教学中不容回避的现实问题，而惮于上述困境就在刑诉教学中对相关影视作品弃而不用显然又是因噎废食。那么，有没有一种方法既能充分发挥影音作品的教学作用，又能最大限度减少其负面效应呢？对此，笔者认为，法律影视资料的碎片化运用也许就是一种有效的破解路径。所谓“碎片化”运用，指的是将影视作品中涉及刑事诉讼知识的片段剪切分割，并按照刑事诉讼法学教材的目录或知识框架，对影视片段进行素材化、资料化处理，在教学时将其作为教师语言讲授的辅助工具或文本媒介，以促进知识或程序的案例化、故事化和直观化。以知识点为界限的“碎片化”切割大大减少了引入影视资料对有限学时的影响，而基于刑事诉讼知识框架的碎片整合又可以增加影视资料与课堂授课的融合度，减少影视资料的播放时长及影视的叙事节奏对课堂教学节奏的冲击，并能凸显影视资料的刑诉知识意义，促进学生关注重心的合理转移。

## 三、如何碎片化：刑诉教学影视资料库的构建

影视作品在刑事诉讼教学中的碎片化运用，其核心工作就是

按照刑事诉讼的知识体系构建起作为教辅手段或课件内容的影视片段资料库。只有这样才能减少教师备课工作量，提高师生参与积极性，规范影视教学活动，并实现资源的快捷共享。

### （一）刑诉教学影视资料库的构建原则

在对法律影视作品进行碎片化处理和教学化重构时，应坚持四项原则：

第一，内容精短。刑事诉讼教学，不管采用传统的语言讲授法，还是新式的翻转课堂，影视作品的使用只能作为教辅手段，不可能完全替代教师或翻转教学系统，甚至都不应影响正常的教学节奏，不应占用太多的学时，不应过度分散学生的注意力，不能模糊教学意图。因此，在对法律影视作品进行分割处理时，必须严格控制片长，最好在3分钟以内，最长不宜超过5分钟，能够发挥出阐释相关知识点的功用即可，不能苛求完整性，以便于教师能将影视片段轻松融入教学内容或课件中，做到随点随用、运用适度、收放自如。

第二，重点突出。刑事诉讼法学理论内容庞杂，教学时不可能不分主次、平均用力，而应按照教学大纲的要求，突出重点、难点，秉持二八或三七原理，即将七八分课堂时间用在仅占两三成内容的重难点知识上，而将两三成课堂时间用在占七八成内容的其他知识上，使教学内容也能体现出节奏感。[1]相应地，刑诉碎片化影音材料的收集也一样。经过一百多年的积累，法律影视作品已不可计数，从默片到有声影视、从黑白片到彩色片、从平面影视到多维影视。其中，有相当一部分法律影视作品都涉及刑事诉讼问题。可以说，几乎每一个刑诉知识点都能找到对应的影视片段。尽管在构建刑诉教学影视资料库时，应尽可能兼顾其覆盖面，注意影视片段的知识点分布的均衡性，但更要突出重点，尽量在“证据与证明”、“刑事辩护”、“庭审程序”、“强制措施”、“管辖与回避”、“诉讼主体及其诉讼权利”以及一些重要

---

〔1〕 参见金绍容、肖前玲：《调控课堂教学节奏的“四要义”》，载《教学与管理》2006年第20期。

的刑事司法议题等核心章节和问题上多储备影视片段。

第三，定位准确。影视作品的碎片化与作品的完整性存在紧张关系。对影视作品进行碎片化处理时，必然面对这种风险：忽略前因后果，忽略故事展开的背景，甚至忽略普遍情况和一般情形，仅仅基于个人对刑事诉讼知识或理论的理解，仅仅为了迎合个人观点和价值取向，选择性地使用影视作品，或对影视作品随意剪裁、断章取义。以这样的方式运用影视片段不仅不能达到加深知识理解、训练发散思维、促进能力培养的目的，反而会曲解知识，甚至可能失之毫厘，谬以千里。这就要求在选择和切割影视作品时，教师要对该影视作品的主题、故事、历史背景等了然于胸，要尽量站在客观立场，并（在备注中）准确界定、说明影视片段所处的特定时代场景及在整个作品中的时空位置，并提醒学生注意该剪裁可能对知识准确性、完整性的不利影响（如果有的话）。

第四，角度多样。对于一般的刑诉知识点，对影视片段的数量要求可以适当放松：有即可，能说明问题即可。但对于重、难点知识，不仅在影视片段数量上不能放松，对于影视片段的内容也有一定的要求。影视作品毕竟不是教材，不是科研文章，其对刑诉知识点的阐释虽然有一定意义上的自然反映，但却具有间接性、侧面性和笼统性，影视片段的搜集要求显然应不同于对科学数据、历史材料的收集，不宜苛求程序的准确性和对客观情况的符合性。受多种因素的影响，部分影视片段中反映的刑事程序或知识可能是错误的，不同影视片段对同一时空条件下的刑诉程序也可能有一定差别，更不用谈不同时期、不同地域、不同历史背景的影视片段对同一刑诉知识点的巨大差异了。因此，最重要的是让学生具有甄别意识和能力，学会区分影视片段中所含刑诉知识的对与错、时代差异、法系差异和地域差异等，学习甄别的过程就是理解加深和能力内化的过程。

### （二）刑诉教学影视资料库的基本素材

法律影视作品是刑诉教学影视资料库的材料来源。刑事诉讼由一系列的国家专门机关的职能活动和诉讼参与人的诉讼活动组成，如公民的报案、举报、控告、扭送活动，侦查机关的侦查活动，检察机关的起诉活动，法院的审判活动，犯罪嫌疑人、被告人的辩护、申诉活动，律师的代理、辩护活动，看守所、监狱的羁押、执行活动等。因此，涉及刑事诉讼的法律影视作品种类繁多，范围广大。就影视作品的题材而言，不应限于法庭审判，还应包括犯罪、警匪、刑侦、刑事检察、刑辩律师、看守关押、教育矫正等。就影视作品的形式而言，主要包括电影、电视剧、短录像、直播视频，以及涉及刑事诉讼的电视栏目。就影视作品的地域而言，既包括中国大陆地区的，也应涵盖香港、澳门、台湾地区的，既包括中国的，也包含英、美、法、德、日、意等典型国家的，既包括大陆法系的，也包括英美法系的。就影视作品的时期性而言，既包括 19 世纪的胶片作品，也包括新时代的数码影视，既包括反映奴隶社会、中世纪刑事诉讼情况的影视作品，也包括反映近现代刑事诉讼制度或程序的影视作品。

### （三）资料库的构建思路：基于知识点的碎片化

刑诉教学影视资料库的基本内容就是与刑诉相关的影视片段。因此，运用视频剪辑软件对相关影视作品进行碎片化处理成为资料库构建的重中之重。切割影视片段用以制作教学影视片段时应尽量满足如下要求：一是与刑诉知识点的紧密关联。影视片段应直接对应刑事诉讼的一个知识点，关联度要强，而且最好是对应一个知识点而不是更多。这样可以使内容更加精简、问题更加聚焦、主题更加突出、指向更加明确，更适合师生的需要。如果同一个片段涉及多个知识点，如在《一号皇庭》中，同样一段内容，既可截取为反映较完整法庭调查程序的片段，又可剪裁为反映交叉询问技巧的片段，这种情况下尽量将其放入关联度更高的单一知识点（交叉询问）影视片段库中，当然，在特殊情况下，也应当适度考虑影视片段分布的均衡性。二是符合碎片化要求。基于学生的认知特点和学习规律，每个影视片段的时长要精短，尽量控制在 3 分钟以内，最长不要超过 5 分钟。当然，在控制影视作品碎片化时长的同时需要尽量保证涉及该知识点的影视内容的完整性。三是简单的切割只是影视作品碎片化的一种方法，有时还需要切割后的对接压缩，比如影片中涉及刑事庭审流程的片段过长，就可以在影视作品中整体剪出该片段后，再删除掉不影响程序完整性的无关紧要的内容。四是资源容量要小。影视片段所占存储空间一般应在几十兆左右，最好不要超过一百兆，视频格式尽量是能支持网络在线播放的主流媒体格式（如rm、wmv、flv等），以方便师生灵活下载、调取和播放。

### （四）资料库的信息框架：基于刑诉知识谱系的系统化

刑诉教学影视片段要想汇集成方便检索的数据库，必须有逻辑清晰、简便易懂的信息架构。基于教辅手段和微型课例的定位，刑诉教学影视资料库应以刑诉法教学内容——刑诉知识谱系为框架进行搭建。目前，各高校刑事诉讼法学的教学内容及其使用的教材，基本上均以现行《刑事诉讼法典》结构为基础，按照刑事诉讼的程序进程安排，又加入引论、总论。因此，在构建刑诉教学影视资料库时，应依次考虑下列信息分层：①理论编次；②教学章节；③涉及的具体知识点；④片段所属法系；⑤片段所属国别（如图1所示）。具体而言，可以参考《刑事诉讼法学》教材的编次目录，建立资料库之一级文件夹；再以其中具体的教学章节为依据建立二级文件夹，次以具体知识点为依据建立三级文件夹；最后以法系（国别）为依据，在具体知识点之下建立四级文件夹。在具体影视片段的命名上，可以采取“具体知识点+国别+电影名”的方式（如“交叉询问规则—英国—《控方证人》.avi”），以便于查找和识别。

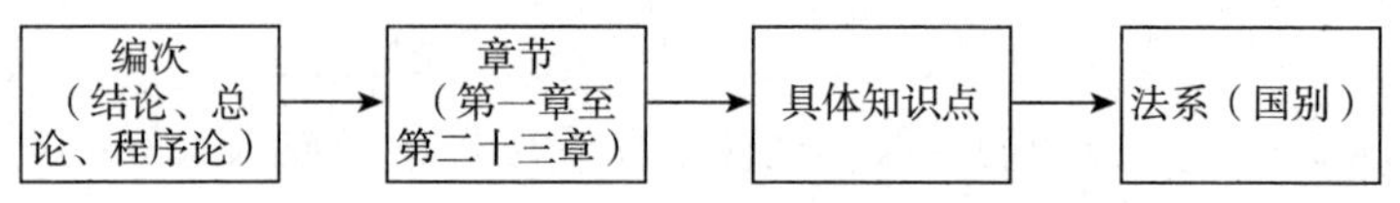


**图1 刑诉教学影视资料库信息框架图**

## 四、资料库的应用：碎片化影视教学的三种方式

对于刑诉教学影视资料库中的影视片段，除了可供学生自主

下载、研习；对于教师而言，在课堂教学中，根据对影视片段利用的程度及影视片段在教学中所发挥的实际作用，至少可区别采用三种基本运用方式，即简单展示、样本精析和专题研讨。

### （一）影视片段的简单展示型运用

影视片段的简单展示型运用，是指将影视片段作为刑事诉讼教学中引入、总结、增强程序直观性和观点阐明力度的一个辅助工具和手段，将其作为解释、展示教师讲授内容的一种方法和策略。[1]作为一种粗放型的影视片段运用方式，该教学方法只是把影视片段视为动态的板书或PPT课件，重在让学生了解一下影视片段所揭示的刑诉流程或所反映的主题，无需对影视片段作庖丁解牛式的分析。这种运用方式适用于刑事诉讼法学的绝大多数章节或知识点，特别是普通章节或知识点。其对影视片段与知识点契合的精准度要求也不高，只要达到一定的相关度即可。例如，在讲述陪审团制度时，可以选择《失控的陪审团》《十二怒汉》《十二公民》等影视作品的片段作为支撑材料；在讲授交叉询问规则时，可通过美剧《律师风云》、英剧《皇家律师》、日剧《律政狂人》中的相关片段加以展现；讲到有关律师职业伦理时，可以选择《控方证人》《魔鬼代言人》《林肯律师》等影视作品的片段来引出问题。

具体而言，对于刑诉影视片段的简单展示型运用，考虑到引入的时机和播放的目的，可以如下灵活采取多种方式：

第一，导引式。通过影视片段中讲述的故事或者提出的问题引入所要讲授的内容，进而展开讲解。

第二，互证式。教师先讲授刑诉的相关理论知识，然后通过影视片段立体展示先前讲述之内容。通过教师讲授和法律影视作品片段放映相结合，能够相互印证学习内容，加深学生对所学知识的理解和体会。

第三，总结式。在语言讲授后期，播放相应内容的影视片

---

〔1〕 参见宦盛奎：《法学院里的电影教学与研究》，载《清华法治论衡》2014年第2期。

段，对先前内容进行总结，作为课堂的结尾。

第四，启后式。在某次课结束时，通过影视片段的播放，预告下次课将要讲授的内容。如此，有利于学生在课下提前准备和熟悉相关内容。

### （二）影视片段的样本精析型运用

所谓样本精析型运用，就是把电影片段作为精细化剖析的样本，就该影视片段所涉及的特定知识点，引导学生自觉地从正反、前后、顺逆、虚实等不同视角和维度对相关问题进行研讨和分析，以拓展和加深学生对特定知识点的理解程度的影视教学方法。与同样注重精细操作的模拟情景教学相比，影视片段的样本分析型运用虽然少了角色扮演带来的切身体验，但在对问题的感受上更加具体、直接。通过影视片段这一“文本”，指引学生对该片段涉及的刑事诉讼程序和理论、该片段呈现刑事诉讼议题的重点环节、刑事诉讼议题呈现的方式、程序发展的多种可能性、议题呈现方式的错误或不妥之处以及由此可能造成的影响甚至是影视片段的主题等进行总结和分析，可以激发和培养学生在捕捉实质信息、进行独立分析判断、发散创新思维、学术研究等方面的潜能。而且，法律影视作品之所以数量众多，正是因为其主题、剧情对受众的普遍吸引力。因此，将影视片段作为研讨对象和精读文本，比较容易调动学生的学习兴趣，提高学生的课堂参与度。

样本分析型运用影视片段适用于刑事诉讼法学中的绝大多数重难点问题。在选择影视片段作为精析对象时，应注意确保其达到以下要求：一是影视片段的典型性，即能称其为一种现象、观点或做法，在某一个方面具有代表意义。当同一重难点问题有多个影视片段时，应优中选优，而其他片段可以提供给学生，让其课下自己欣赏和对比。二是影视片段的精致性，即该片段在对白、剧情、演员表演等方面达到较高的水平。尽量选择经典、知名度高、影响范围大的影视作品片段。

影视片段的样本精析型运用注重通过对影视片段的标本化、

立体化解读，培养学生的法律思维方式。将影视片段作为一个解剖的标本、鉴定的检材，经由条分缕析，做到真实与虚拟、实践与理论在知识层面的协调统一。该教学方法最重要的预期功用就是促进学生主动发现问题和思考问题。例如，笔者在讲授刑事诉讼的历史发展一章之纠问制审判一节的内容时，播放了《圣女贞德》中“教会法庭对贞德的审判”的影视片段。虽然片段只有3分钟，但学生提出了一大堆问题：既然我们谈到纠问制都是秘密审理，为什么还要开庭审判，还允许旁听；教会法庭在审理时也要组成合议庭吗；教会审判合议庭背后坐着的那些人是不是陪审团；为什么法院要逼迫贞德进行宣誓；电影中贞德没有宣誓导致审判无法进行下去，如果她宣誓了，程序会如何进行；为什么在审判中没有控告方；等等。对这些问题的思考和解答，其实就是样本精析型影视片段教学的根本目的。

### （三）影视片段的专题研讨型运用

所谓专题研讨型运用，即围绕某一讲授主题，选取多个相关影视片段，引导学生在认真观影的基础上，讨论影片是如何反映刑诉程序和讲述刑诉知识的，对比性地研究影视作品反映出的某一刑事诉讼问题。这种方式可以对刑诉影视片段利用得更加高效、更加集中。例如，在讲到庭审模式时，可以同时运用大陆法系［《控诉风暴》（德国）］、英美法系［《魔鬼代言人》（美国）］、混合法系［《人证》（日本）］以及我国法庭电影（《主诉检察官》）的四个影视片段，引导学生思考不同诉讼模式下刑事庭审的推进方式及各自的优势、缺点。同时，还可以集中展示弹劾制（《苏格拉底》）、纠问制（《圣女贞德》）下的庭审影视片段，再与上述近现代的庭审影视片段对比分析，考察不同历史时期刑事庭审方式的差异，引导学生总结庭审制度的历史发展趋势。

专题研讨式运用影视片段适用于刑事诉讼法学中少数重难点问题，如辩护制度、强制措施、庭审程序、刑诉原则等。专题研讨型运用在授课效率、主题挖掘的深度等方面的独特效果，不管是旁听真实的法庭审判，抑或是搞完整的模拟审判，还是播放某个单独的影视作品都难以达到。当然，该种运用方式有两个突出的特点：一是运用效果在一定程度上依赖于授课教师的有效引导。因此，相对于前两种运用方式，教师的角色更加多元化，教师的介入也须更加积极。二是由于需要集中播放多个影视片段，势必会比前两种运用方式占用更多的学时，而且，在专题研讨式运用影视片段时，影视片段的作用已不再是教学的辅助素材，而成为授课的核心内容。因此，这种方式效果虽好，但并不适合对所有重难点问题大范围采用。

影视片段的专题研讨型应用，具体可采用以下步骤实施：

第一，确定主题，选择影视片段。根据教学大纲的设计，选择刑事诉讼法学中的2-3个重点、难点问题作为研讨对象，并围绕已确定的主题从刑诉教学影视资料库中选择3-5个相关影视片段。

第二，介绍背景知识，提出观影要求，告知需要关注的关键点。教师最好在集中观影前介绍一下相关的基础知识，提醒学生观影时需要重点关注的情节和事项，甚至可以提前制定和告知学生观影后的研讨提纲。这样，学生就可以“带着问题”观影，而不会单纯地被故事吸引。

第三，组织观影。教师应按照一定的逻辑顺序播放相关影视片段，在播放某一片段时可以随时中断，对学生作知识点提醒，在播放各片段的间隙，也可以作前一片段的简要总结和后一片段的简单铺垫。

第四，引导学生开展课堂讨论。一方面，要发挥好学生的主观能动性，鼓励学生从影视片段中自己发现问题，思考问题，“自我发起学习”，“负责任地参与学习过程”；[1]另一方面，教师应当采用一些启发性问题，用深度提问的方式打开学生思路，并围绕影视片段中的关键点提出开放性问题，激发学生解决问题的

〔1〕 施良方：《学习论》，人民教育出版社2001年版，第390页。

欲望和兴趣，鼓励学生从不同角度考虑问题。

第五，总结核心，归纳要点。在观影及研讨结束后，针对以下五个方面，教师应作简要归纳和总结：一是各个影视片段所反映的不同国家、不同地区、不同时代的刑事诉讼程序或制度的特点；二是不同的程序或制度形成的深层原因；三是影视作品中的刑事诉讼程序或制度与真实情况的偏差；四是对学生所提问题的回应；五是学生的视角、思路是否妥当。

## 五、碎片化影视教学需要注意的问题

### （一）电影与法律的“隔阂”

尽管犯罪及其刑事追诉活动为影视作品提供了源源不断的素材，但绝大多数导演拍摄影视作品的目的可能并非是要让人们知晓更多的刑诉知识。“如同雕塑家的黏土，作为一种素材，黏土的价值和雕塑成品的艺术价值没有关系。”[1]“法律电影，并不是关于实体法或法律细节的，更为准确地说，它们与法律的边缘暗区（penumbra of law）、法律实施地点以及法律人更为相关。”[2]因此，即使在刑诉影视片段中，刑事诉讼法也并非是主题，而是作为素材或形式媒介来实现影视剧想表达的主题，这就造成了影视片段在应用于刑事诉讼教学时，如果教师驾驭能力不足，就容易偏离教学目的，变为单纯的影视欣赏。

同时，笔者在搜集法律影视作品时发现，就片源而言，主要集中在英美法系，特别是以美国的“法庭”影视剧居多。主要是因为英美法的对抗制审判类似于辩论赛，更具技术性和可观赏性；相比而言，表现带有职权色彩的大陆法系庭审（包括我国刑事庭审）的片源就比较少。因为，商业电影导演的选择主要取决于观众的喜好而非普法需要。

---

〔1〕［美］理查德·A. 波斯纳：《法律与文学》，杨惠君译，商周出版社 2002 年版，第 376 页。

〔2〕 Steve Greenfield, Guy Osborn, Peter Robson, *Film and Law: The Cinema of Justice*, London: Cavendish Publishing, 2001, p. 21.

另外，法律影视作品毕竟不是法律，影视作品的虚构性、表演的戏剧性都有可能导致或出现法律上的夸张或错误，从而有可能让学生对现实法治产生失望之感或在法律知识上误导学生。[1]例如，《追求真相》虽然很精彩，但“它对法制的描绘过度夸张，以至于扭曲变形。如果有人想通过这部电影获得有关刑事司法制度的知识，那他无异于想通过《辛巴达故事集》来掌握航海技巧一样误入歧途”。[2]

要想突破隔阂，在应用影视片段教学法时教师应始终明确影视片段辅助教学的定位，明确教学目的，善于围绕刑诉知识点设置引导问题，充分提醒影视片段的关键点和法律与电影、真实与映像的偏差，及时梳理和调整讨论方向，当影视片段存在法律错误，教师要及时点明或启发学生，避免误导学生。

### （二）影视片段教学中的教师角色

影视片段教学中，教师有效而娴熟的驾驭非常重要。教师在影视片段播放之前即准备阶段的引导、设问，播放之中的及时提示，播放之后的研讨、答问、点评、总结，都是影视片段教学不可缺少的环节。事实证明，教师只有具备足够的驾驭能力，只有认识到并充分发挥教师的积极作用，充分重视影视片段教学的各个环节，才能真正实现该教学法加深知识理解、锻炼思维方式、强化能力培养的目标。如同法庭审理中的几个不可分割的阶段一样，影视片段教学的诸环节也是紧密联系、协调一致、不可分割的，而且，被赋予了不同的功能和任务，能够培养和锻炼学生不同的法律实践能力。比如在准备阶段，让学生提前熟悉课本，搜集相关材料，储备背景知识；让学生提前观看影视片段，自己发现问题，自己寻找答案，设计讨论提纲，就是在锻炼学生的问题意识、材料汇集能力、案例分析能力、书面表达能力以及法律人

---

〔1〕 参见张昌辉：《“法律与电影”：新的研究视角和教育手段》，载《安庆师范学院学报（社会科学版）》2012年第1期。

〔2〕 ［美］保罗·伯格曼、迈克尔·文斯默：《影像中的正义：从电影故事看美国法律文化》，朱靖江译，海南出版社2003年版，第176－177页。

应有的思维方式。甚至可以说，准备阶段对学生的锻炼可能要比之后更为基础和全面。其实，在应用影视片段教学法时，不一定非要在课堂上播放影视片段，准备阶段也不是必须要在课堂上完成，这些工作完全可以放在课下交由学生自主完成，课堂上只作讨论、归纳和简要点评，即实现翻转教学法与影视片段教学法的有机融合，这样既能凸显学生在教—学关系中的主体地位，又能节约学时，提高教学效率。

### （三）教法改革的积极性

长久以来存在的填鸭式教学，使得教师已经习惯了语言灌输，学生也已习惯于被动接受。[1]包括影视片段教学法在内的任何教法改革都可能因为打破行为习惯而需要师生付出更多的行动和投入，从而面临重重阻力。在运用影视片段教学法时，授课教师往往要负责影视片段的选择、观影的引导、提示，课堂研讨的组织，以及最后的总结点评，特别是在建立起刑诉教学影视资料库之前，教师还要负责对影视片段进行剪裁加工，这都要求教师较之于传统理论授课而言，投入更多的精力。但目前作为方向标的教学评价、激励机制基本上都是按照传统教学模式设计的，这些额外的劳动并不能转变为授课教师的工作量，这必然会影响到教师运用影视片段的积极性。对此，一方面，应当尽快建立刑诉教学影视资料库，减少授课教师在影视片段制作、选择上耗费的成本，并通过教学流程的制度化、有序化、规范化减少运用阻力；另一方面，完善教师的评价、考核机制，对积极推进包括运用影视片段教学法等教法改革并取得成效的教师在考核评优时有所倾斜，逐步建立起利益激励机制。

## 六、结语

刑事诉讼法学是程序法学，实践性强，却又稍显枯燥。因此，刑事诉讼法教学改革有两大目标：一是提高课堂的吸引力，

---

〔1〕 姚利民、段文彧：《高校教学方法改革探讨》，载《中国大学教学》2013年第8期。

使刑诉课变得有趣；二是能够通过上课提高学生的实践精神和动手能力，成为法律素能的养成教育。而这正是影视片段教学法的最大优势。所以，该教法的完善、推广符合实际需要，也契合法学专业教育教学改革的大方向。

事实上，影视作品片段不仅可以作为一种教辅手段，只要将“专题研讨型”运用方法稍加改造，甚至可能将其扩展为一门独立的选修课。目前已经有高校进行了相关的实践探索，如武汉大学、中国人民大学等高校开设了“电影中的法律”“经典法律影视赏析”“法律与电影”“影像中的司法”等课程，深受学生的喜爱。[1]当然，这些课程尚未具体到一个部门法的教学。影视片段在刑事诉讼教学中的运用，是否可以开设诸如“电影与刑事诉讼”“影像中的刑事诉讼”等独立课程，至少在刑诉专业硕士研究生教学中，值得研究。

〔1〕 参见张昌辉：《“法律与电影”：新的研究视角和教育手段》，载《安庆师范学院学报（社会科学版）》2012年第1期。

# 法学本科课程教学考后复盘评析短课设置研究*

◎张马林**

**摘　要：** 现有普通高等院校本科课程考试之后的管理流程错误地假定了对学生的课程教学过程已经终结的前提，尚停留在行政程序性管理的层次。我国法学本科课程教学在课程教学考试后，同样存在对学生进行考后复盘评析不足、考后教学效果不彰等“继续”教育的问题。在目的功能上，课程教学考试和招生考试、职业资格考试、就业考试等其他类型考试的核心区别之一在于课程教学考试“以考促学”“以考促教”的基本目标定位。以充分尊重教育认知规律和重新定位高等教育课程考试的目标功能为基础，法学本科课程的教学流程不应在课程教学考试结束后戛然而止，从而导致“有考无评、考后无教”，而应建构和设置课程教学考试后的复盘评析短课，以实现教学效果的最大优化。

**关键词：** 教学目标　课程考试　考后评析　短课设置

---

* 本文为江苏高校“青蓝工程”资助项目。

** 张马林，男，东南大学法学院副教授，法学博士，工程项目管理学博士后。

## 引 言

教育，是国家发展、民族复兴、国运昌盛的基础。高等教育本科课程的教学、考试等具体环节的改革、现有教学的优化及考试环节的衔接，是夯实教育基础的基本措施保证。《国家中长期教育改革和发展规划纲要》（2010－2020）高度重视教育事业，把教育事业的重要性提高到“中国未来发展、中华民族伟大复兴，关键靠人才，基础在教育”，“国运兴衰，系于教育；教育振兴，全民有责”的全局高度。教育事业的蓬勃振兴，绝不是宏观上的一两句口号所能完成，而必须具体落实到优化“课程教学”“课程考试”等教育教学实践中的细致环节才能得到真正实现。毋庸讳言，相比义务教育和高中教育等基础教育阶段，高等教育阶段的教师和学生由于不再存在直接的升学压力（本科生读研考试主要体现为学生自行的升学选择），再加上高等教育阶段教师的职称晋升等导向性指标主要围绕科研项目的立项和科研论文的发表等现实因素，高等教育阶段的教师、学生对优化教育教学具体细节的重视程度，在一定程度上要略低于基础教育阶段。因此，除认识到教育作为一项事业，在宏观上对国家、对民族的重大深远意义之外，《国家中长期教育改革和发展规划纲要》（2010－2020）敏锐地指出具体从细节上提高我国现有高等教育教学质量的重要性，提出要以学生为教育教学的主体，教师在教育教学中发挥导向性作用，在过程中充分激发和调动学生的主观积极性和能动性；在教育教学改革部分更是重点提出，要切实改革、优化现有课程的教学内容、教学方法和教育手段，树立以提高质量为核心的教育发展观，建立以提高教育质量为导向的管理制度和工作机制，把教育资源配置和学校工作重点集中到强化教学环节、提高教育质量上来，认真把提高教育教学质量作为教育改革发展的核心任务。

法学本科教育必须坚持以人为本，遵循一般教育认知规律，建立对学生课程学习效果真正负责的“人本法学教育”和“学以致用”观念。如美国法学教育方法上的最大特点是作为博雅教育与职业教育平衡支点的案例教学法：“长期以来，美国主流法学院在理论与实践、职业培训与学术教育之间维持着一个脆弱的平衡，平衡的支点，或者说沟通理论与实践的桥梁便是案例教学法。”〔1〕美国的法学教育是一种目的性明确、以实践技能为导向的法学教育。与其实用主义的知识传统一脉相承，美国的法学院在法学人才培养目标上主要秉持培养“合格的法律从业者”的职业型、实用性的小司法教育观。〔2〕我国高等教育阶段在课程教学考试后，普遍都存在没有抓住课程教育的最后“考后黄金时间”，对学生进行考后复盘评析、对课程教学效果进行进一步优化的“继续”教育的问题。为重视考后评析，促进教学改革，进一步从教学与考试衔接等具体细节上切实优化和提高现有法学本科课程的教育教学质量，本文将以法学本科课程教学及考试为例，围绕法学本科课程教学考试后复盘评析短课的设置进行探讨。

## 一、本科课程教学考试后复盘评析短课设置的研究与实践现状分析

普通高等院校的课程管理在近些年改革中取得了优异的成绩，但在实践中也存在不少问题；其中首要问题是管理目标不清晰、认识不到位，课程考试的管理与高校教师日常教学的目标错位。一些高校组织考试不是为了促进教学、优化学生专业的学习，而仅仅为了考试、考核。〔3〕目前各高校的考试往往只强调考试成绩，忽视了通过考试激发学生进一步学习的自主性，加上考后信息反馈机制的缺失，学生很难发现自己学习的不足之处，也

〔1〕 聂鑫：《美国法学教育模式利弊检讨》，载《环球法律评论》2011年第3期，第52页。

〔2〕 张马林：《美国法学教育对中国工程法人才教育的启示》，载《中国法学教育研究》2016年第3辑，第34页。

〔3〕 郑秋莲：《高校课程考试管理研究》，载《统计与管理》2016年第6期，第54-56页。

难以对已考课程进行进一步学习。[1]经对命题进行学术检索，并无直接与“法学本科课程教学考试后复盘评析短课设置研究”或“高等教育课程教学考试后复盘评析短课设置研究”命题直接相关的研究成果。以“考后评价反馈机制”作为关键词进行检索，模糊命中研究文献6篇，但检索结果都是从工程项目管理学角度对水利、电信、公路、油气田等工程项目所进行的项目后评价反馈机制研究。[2]经改以“考后评析”“考后短课”“考后复盘”等类似关键词在中国学术期刊网进行进一步检索，模糊命中相关研究文献9篇，其讨论范围主要围绕中学等基础教育阶段的数学、物理、化学、生物、历史等课程的考后评析方法等展开，未涉及高等教育或法学本科课程教学考试后的复盘评析研究。但基于基础教育与高等教育在教育方法和人类认知学习规律上的共通性，这些文献对本文命题的价值在于方法论层面的启发。如李玉平老师（2016）认为：“考后试卷分析是学生真正在考试中获取知识的手段，它是考试的一个延续过程”，“考试的功能是检验学生对知识的掌握情况，从中发现问题，帮助学生查漏补缺、调整学习方法，与分数的获得相比，考后试卷分析才是真正收获的手段”。[3]赵思老师（1985）“提倡考后反馈”的论文则对“考后反馈课”的功能意义、具体方法和独到价值作了全面又极有价值的阐明。[4]另外，也有学术性综述通过对我国2003年至2012年的考试评价及信息反馈机制的研究成果进行梳理后，高度肯定考后多向反馈信息对课程教学的重要意义，认为：建立考后信息反

---

〔1〕 董潇丽：《应用型人才培养目标下的考试制度改革路径分析》，载《决策论坛——科学制定有效决策理论学术研讨会论文集（下）》，2015年9月，第73页。

〔2〕 这些文献主要有陈岩、周晓平：《水利建设项目后评价成果的管理与反馈机制研究》，载《科技进步与对策》2007年第4期。洪雁等：《构建电信项目后评价反馈机制》，载《通信企业管理》2006年第3期。桂滨、钟文香：《公路建设项目后评价反馈机制及形式》，载《公路》2005年第5期。金锡万、白琳：《项目后评价的反馈机制》，载《安徽工业大学学报（社会科学版）》2002年第3期；等。

〔3〕 李玉平：《试卷评析的策略方法》，载《教学管理与教育研究》2016年第9期，第38页。

〔4〕 赵思：《提倡“考后反馈”》，载《人民教育》1985年第Z1期，第64页。

馈机制是通过课程考试督查学习与效果的重要环节；对课程考试结果的多向反馈，可以达到以考促学、以考验学的目的；“考试结束，课程学习就结束”的做法容易导致学生根本不清楚自己对课程知识的掌握程度，教师也不清楚自己的教学效果。[1]

就国外而言，以笔者在美国博士后研究期间所体验的美国本科生课程教学及考试过程推定，美国的普通高等院校中也没有本科课程的考后评析短课或类似课程的专门设置。以美国马里兰大学（UMD，University Of Maryland）土木工程学院 Skibniewski 教授2014 年至2015 年所开设的本科生工程法学课程（Legal Aspects In Civil Engineering）为例，Skibniewski 教授在其课程教学大纲（Course Syllabus）中所列明的教学模块内容包括：学习、研究工程法律方面的基本原则，具体的科目（Specific Subjects）包括对工程师职业伦理和纪律的介绍、侵权和产品责任、工程合同、工程委托代理关系、职业责任、劳动法、工程保险和担保法律制度、专家证词、调解和仲裁、动产法律制度、知识产权法律制度等，每一个模块内容都事先安排好了课时。通过这份相对复杂并严格执行的教学大纲安排可以发现，该课程并未涉及任何考试后的授课时间或内容安排。在学生课程成绩最终评定构成上，期中考试（Mid-Term Examination）占20%，期末考试（Final Examination）占30%，论文（Paper）占20%，法庭见习（Courtroom Visit）占10%，团队案例分析（Team Case Presentations）占15%，课堂案例随机讨论（Classroom Debate）占5%。在该课程的考核组织上，也并未设置专门课时来进行期中考试或期末考试后的复盘讲解或评析。基于在此期间担任 Skibniewski 教授助教（T. A. Teaching Assistant）的便利，笔者参加了该门课程的整个授课过程，而且期中考试和期末考试的监考及批改试卷均由笔者辅助完成；除了在期中考试的后续课程教学中，授课教授对期中考试的内容有零星的关联性评价外，自始至终并未安排专门的时间

[1] 郭淑芬等：《国内关于本科课程考试改革研究文献的统计分析》，载《高等财经教育研究》2014 年第2 期，第36 页。

或课程对考试内容进行集中的讲解或评析。另外，虽有国内文献提到美国高校考后的信息反馈安排,[1]但经笔者细究其具体内容，仍是围绕考生成绩在考后的适当修正程序，与我国现有做法并不存在实质性差异。

## 二、现有教学考试衔接机制存在的问题及成因

### （一）教学考试功能的目标定位误差

“高校的课程考试管理离不开高校组织的各专业学科的考试，而要发挥课程考试管理的积极效果则需对高校的课程考试有理性的认识和准确的定位。”[2]法学本科课程教学考试的现有功能定位明显存在考核目标的定位误差。这一误差具体体现为现有考试的目标局限定位于单纯的考核评价，而忽视考试本身的教育和教学性特征，严重缺乏对高等教育阶段考后复盘评析之重要性且不可替代的教育教学价值的认知。

考试，在本质上是指考察、测度、甄别人的知识、智力、能力的一种社会活动，并随着社会发展需求的变化而不断改变其内容、性质和操作方式。我国是世界上最早实行考试的国家，考试之源可追溯至我国原始社会末期或奴隶社会初期的“选贤与能”，夏、商、周均创建了学校。“考”与“试”并用而形成“考试”一词，最早文献是汉代董仲舒的《春秋繁露》。中国近代考试制度始于清同治元年（1862）建立的京师同文馆，而20世纪初新学制的颁行和科举制度的废止，使我国新的学校考试制度最终确立。[3]考试从类型上按不同分类标准会有多种不同的分类结果。如从考生不同的意思表达方式角度，考试可以分类为闭卷笔试（含实验、上机等考试）、半开卷笔试、开卷笔试、口试、笔试与

〔1〕 邢维全：《美国高校考试评价制度的特点及对我国的启示》，载《天津电大学报》2009年第3期，第50页。

〔2〕 郑秋莲：《高校课程考试管理研究》，载《统计与管理》2016年第6期，第54-56页。

〔3〕 杨学为主编：《中国考试大辞典》，上海辞书出版社2006年版，第208页。

口试相结合、撰写论文（设计）、调研报告、网上考试、交流式考试，以及其他多种灵活方式。从考试的主要的目的功能角度，考试又可以分为课程教学考试、招生考试、职业资格考试、就业考试等多种类型。传统的考试，重在考察知识和技能，多以答案唯一的记忆性、技巧性或速度性的内容为主；而现代的考试更强调通过试卷不仅考查知识与技能，同时强调对考生学习过程与方法、情感态度与价值观等多层次、多方位的考核与评估。

以上述从目的功能角度对考试类型的分类为基础，在目的功能上，除同样包含基本的对考生学习水平和技能的考查、考核功能之外，课程教学考试和招生考试、职业资格考试、就业考试等其他类型考试存在明显的区别。招生考试的目的在于学校招生和学生升学；职业资格考试或执业技能考试的目的在于判断考生是否具备特定职业或岗位所需的知识或技能；就业考试的目的在于考查应聘人员是否满足用人单位的特定岗位要求；而高等教育阶段的本科课程教学考试本身是培养学生整体系统教育教学的一个组成部分，在目的功能上，仍然应该高度重视通过考试发现学生的知识性错误、认知性偏差和思路方法性不足等问题，而后再进一步针对发现的问题对学生进行课程知识上的勘误、纠偏和方法上的启发、引导。有学者洞察到课程考试的最终服务目标在于“促进学习和改进教学”，认为“考试要有利于促进学习和改进教学”。对考试的结果要进行认真的分析和总结，通过定性分析对考试作出基本评价，通过定量分析对试卷的效度、信度、难度的计算和分析来反映考试质量；而后最终服务于“促进学习和改进教学”[1]之目标。高等教育阶段本科课程教学考试本身并非目的，而是应通过课程考试发现问题，并进一步针对问题加以解决、针对不足在考试之后予以优化。正因如此，课程教学考试的目的功能除对已有教学效果的考核考查之外，必须还包括“以考促学”、“考试服务于教学”、进一步拓展学生掌握知识的基本目

---

〔1〕 周德昌主编：《简明教育辞典》，广东高等教育出版社1992年版，第144－145页。

标定位。从这一基本的目标定位出发，以充分尊重基本教育认知规律和重新定位高等教育课程考试的目标功能为基础，法学本科课程教学不应在课程教学考试结束后就戛然而止，导致考试后“有考无评、考后无教”、有始无终的教学断档和真空状态。基于“即时温故”的认知与学习规律，现有法学本科课程教学必须真正重视考试后复盘评析短课这一具有重要教育价值的教学过程的“最后一公里”。

### （二）考后教学管理局限于行政化、程序性

1978年4月，邓小平同志曾在全国教育工作会议上指出：“考试是检查学习情况和教学效果的一种重要方法”，可见良好的考试管理对教育、教学效果的重要意义。[1]而现有考试之后的管理流程停留在行政化的程序性管理层面，错误地假定了对学生的课程教学已经终结的前提，未能充分体现考后管理与对学生课程教学内容的相关性，存在忽略考后进一步开展针对性课程教学的明显弊端。在高等教育阶段现有普通高等院校与考试相关的管理程序上，法学本科课程任课教师承担的事项主要有：按时间要求和规范要求进行试卷命题、送印、领卷、监考及对学生进行考纪管理、批改试卷与成绩评定、教务审核、填写课程小结、学生评教、教师获知学生评教信息等工作。“（虽然）大多数老师能够严格按照教务处的要求做好命题、批阅、登记考试成绩等工作，但往往忽略了课程考试后的分析总结工作，而这也是考试管理的重要一环。”[2]在这些事项中，考试后的事项主要为批改试卷与成绩评定、教务审核、填写课程小结、学生评教、教师获知学生评教信息等教务行政管理性事项；这些事项完全是在假设整个教学过程已经终结的前提下所安排的程序性善后，明显没有设置学生在考试后对考试课程进行复盘评析的模块。

---

〔1〕 邓小平：《邓小平文选》（第2卷），第105页；转引自李长福主编：《邓小平理论辞典》，中国文史出版社2004年版，第366页。

〔2〕 郑秋莲：《高校课程考试管理研究》，载《统计与管理》2016年第6期，第54－56页。

为进一步说明设置课程考试之后复盘评析短课的必要性，笔者对现有普通高等院校考后管理机制中的成绩评定、课程小结、学生评教等考后事项进行具体的实证分析。[1]首先，在考后成绩评定上，现有考后管理只是从授课教师在完成成绩评定工作的时间、批改试卷的批注要求、评分标准的统一性、统分复核、总评成绩和平时成绩构成比例与课程教学大纲的匹配性、录入成绩的时间及签字形式要求、教学主管或课程负责人审核等方面提出要求。其次，在考后授课教师的课程小结内容上，则是从授课教师情况、授课方式、学生班级及人数、考核形式（考试/考查）、考核方式（开卷/闭卷/半开卷）、卷面成绩分布（最高分、最低分、平均分及各分数段成绩分布）、考生总评成绩构成（期末成绩、平时成绩）、课程教学改进或改革（课程内容、教学方法、教学手段、教学收获或体会、有待改进之处）、试卷分析（学生成绩分布合理程度、试卷难易程度、试卷区分度、考试改革举措与经验）等围绕考试后的课程总结方面内容进行。最后，在考后的学生评教上，则是针对被评教师的被评课程，让学生在考后围绕在学习收获感受、评论教师的课程讨论方式、答疑感受、教师备课感受、答疑感受、讲授信息量和清晰度、理论实践结合度、知识更新性、教学手段现代化、考核规范化和平时作业安排等方面，统计出授课教师在以上各项中个人各项指标的均值、所在院系各项指标的均值、全校各项指标的均值，其主要价值在于供授课教师知情，并在以后的教学工作中加以改进。

从以上的实证分析内容可以清晰看出，现有考试之后的管理流程错误地假定了对学生的课程教学已经终结的前提，而将考后的教学管理工作主要作为对授课教师的行政管理进行。学生在考后唯一参与的评教程序中，只是评教信息的单向提供者。整个考后管理流程停留在行政化的程序性管理层面，这对已经结束本门

〔1〕 该部分以东南大学现有本科生考后管理规定为实证分析样本。东南大学在近年开展的“教育思想大讨论”活动中，鼓励全校师生积极对教育教学提出建设性的优化意见，成效显著。

课程考试的学生在课程考试后没有任何实质性的教育或教学意义。从程序安排目的和意义的角度考量，现有考试后的程序安排，虽然有授课教师考后课程小结的数据统计分析、基于考核结果的课程教学效果分析等报告内容，但这些现有考后的信息传递，也完全在授课教师和学校教务等主管行政职能部门之间进行，学生并没有参与。这一做法的结果信息，非但从教学管理层面未围绕特定的试卷内容进行、有失于“面上”的宏观、笼统，而且这些信息内容完全是在本门课程教学过程已完全终结的假定前提下所作出，其假定的服务目标局限于服务下一届后续同门课程教学的经验总结和问题分析，对本次课程的教学没有任何优化教学效果的意义。考后缺乏与考生之间规范、集中的围绕考试内容进行信息交流和沟通的环节，导致课程教学考试单纯为考核而考核；课程考试结束即实际上意味着课程教学过程的完全终结。

### （三）对考后教学的重要意义认识不足

有学者指出，法学教育界要破除热衷“宏观理念讨论”，轻视“现实研究”，忽视实施过程中“中观和微观层面设计”的倾向，应认真研究和制订具体可操作的实施方案。[1]现有法学本科课程教学考试的考后机制在学生一端的最大缺陷简言之就是：“学生只见分，不见卷”、“知其然，但不知所以然”。学生在知道考试得分或其他形式的考核结果后，尤其在得分成绩或考核结果基本符合预期、未出现其意外的考评偏差时，学生对“标准答案”、对“如何对”与“如何错”的获知欲望率几乎为零。这势必导致学生只知道其考试在整体“面上”的对错比率和得分状况，而对“点”上的答案与标准答案之间的偏差信息、对可以从哪些方面纠正、怎样纠正等问题都不能准确地知悉。现有的一般法学本科课程设置并没有安排全部考生在考试后能直接了解到试题标准答案的程序。大多数情况下，即便不排除有一部分学生会自行揣摩和猜测失分的具体方面或者失分点，但由于缺乏了教师规范、集

〔1〕 王晨光：《卓越法律人才培养计划的实施——法学教育目标设定、课程设计与教学安排刍议》，载《中国大学教学》2013年第3期，第5页。

中的讲解和引导，这一部分学生的非规范性猜测也顶多只能“毛估估、撞碰碰”，远远不能达到法学作为一门科学的知识把握精确度要求。毕竟，“纯粹偶然性的操作不能应用于法律科学”。〔1〕

现有一些普通高校考试管理规定甚至禁止学生“擅自将试卷、答卷（含答题纸、答题卡等）、草稿纸等考试用纸带出考场”。为避免考生到场考试后不交卷，而禁止将试卷、答卷带出考场可以理解，但难以知晓大部分考试规定中禁止考生将“草稿纸”等考试其他相关纸张带出考场规定或类似规定的出发点和正当性原因。〔2〕但诸如这样刻意阻隔“考生”与“试卷相关用纸”、避免考生在考试后与试卷相关内容再次接触的规定，明显在一定程度上与课程教学考试旨在促进学生深入理解特定课程教学内容的基本定位存在冲突。

基于法学人文应用学科的特征而进一步延伸开来，现有法学本科课程教学考试的考后教务管理机制在学生一端的隐性缺陷还在于，法学课程考试的书面标准答案很大程度上并不能完全反映出法学知识的应用性、方法性、思路性特征。法学本身就是一门实践性非常强的社会学科，法学教育应当与法律职业的社会实践密切结合，因此法学教育的教学内容、方式以及评价机制都需要进行改革，要以是否能够解决重大和现实的社会及法律问题作为标准之一。〔3〕美国的法学教育始终以能够培养解决实际法律问题的律师和其他法律从业者为重要目标。〔4〕法学本科课程作为一门具有强烈社会实用性、实践问题解决特点的学科，除了作为结果的、书面形式的标准答案之外，更应该强调与重视的是对学生在

〔1〕［德］费里德里西·卡尔·萨维尼、［德］雅各布·格林著，杨代雄译：《萨维尼法学方法论讲义与格林笔记》，法律出版社2008年版，第115页。

〔2〕如《东南大学学生考试管理办法》第12条第6项把“擅自将试卷、答卷（含答题纸、答题卡等）、草稿纸等考试用纸带出考场”规定为学生违反考纪行为；在其他普通高校也可查询到类似规定。

〔3〕王晨光：《卓越法律人才培养计划的实施——法学教育目标设定、课程设计与教学安排刍议》，载《中国大学教学》2013年第3期，第5页。

〔4〕田静婷：《美国实用主义法学教育的启示和思考》，载《法制博览》2017年第36期，第40页。

知识（Knowledge）、技巧（Skill）和经验（Experience）三个维度应用法律知识、形成法律职业素养方面的教育和训练。而这些能力，尤其是“法律技巧”和“实践经验”等方面的能力，如果仅仅通过学生对法学课程考试书面标准答案的自行了解和消化，而不是经由授课教师对审题要点、分析思路、解决方案等方面的情境浸入式讲解来实现的话，学生对错误的认知可能仍然仅停留在“知识”的表面层次，达不到更为实质的问题解决能力的纵深层次。这方面的缺陷，在法学考试试题出现诸如案例分析题、论述题、实务法律文书起草等主观试题时表现得更为突出。

## 三、问题的解决方案：考后复盘评析短课的具体设置

课程设置是一门学问，需要投入精力和时间进行研究。[1]为解决现有普通高等院校教考衔接的上述问题，必须务实探讨考后复盘评析短课的具体设置。

### （一）考后复盘评析短课的模式设置

在以下方案中，把X假定为原有的本科课程教学课时，根据不同的法学本科课程，其课程教学时间可能为32课时、48课时不等。现为表述方便，本文统一假定为32课时。

1. 嵌入型模式：“（X-2）+考试+2”

这种模式的课程模块设置为，先课程教学30课时，然后课程考试，再在课程教学考试后衔接复盘评析2课时；仍为32课时。此种模式对现有课程教学安排的改革之处在于，把考试模块提前嵌入尾段的课程教学过程之中；将考前的原为32节教学课时的教学内容压缩、分摊到30课时中完成。按被压缩的总共2课时—原教学时间共90分钟，平均分摊到前30节课时中完成测算（90分钟/30次），改革后原平均每次授课的多分摊时间值为3分钟；也就是说，改革后只是在原先每次上课的教学内容和授课信息量上，授课节奏与内容密度平均每次课增加3分钟内容。这对

〔1〕 马明飞、黄爱莲：《卓越法律人才培养视角下的法学课程改革研究》，载《课程教育研究》2018年第9期，第13页。

于法学本科一般课程而言，完全在可接受的范围，具有可行性。这种模式的优势在于，不从根本上改变法学本科课程的现有课时安排，教师不额外增加课时工作量，学生也不额外增加上课课时；但通过考试在课程教学结束之前的提前嵌入，实现了考试后对学生复盘评析短课的设置。其缺点则体现在，原有的教学时间受到一定程度的压缩，对一部分课程在可接受、可控制范围内；而对一些原本授课内容对课时就已经接近饱和临界点的课程来说，则可能难以如此安排。所以，选择这种模式前，应事先对特定课程的课时饱和度在教师和学生的配合下进行评估，然后再根据可行性最终择定。

2. 增加型模式："X + 考试 +2"

这种模式的课程模块设置为，在原有的课程考试后直接增加衔接复盘评析的 2 节短课课时。首先课程教学 32 课时，然后考试，再在考试后增加复盘评析 2 节短课课时；即 32 +2 课时。此种模式的优势在于，维持原有课程教学课时及考试安排不变，仅在原有教学和考试程序的基础上往后多延伸 2 节考后复盘评析短课课时。从课时安排程序的角度，此种模式的操作较为简单，但由于整体的授课课时上额外多增加出 2 课时，对法学本科全部课程的原有教学大纲、教学日历以及延伸至学校教学、教务的原有系统性安排都会造成较大的整体性延后。例如，假设所有课程的考后复盘短课的设置在时间上集中安排在期末考试之后的一周内进行，那么，就意味学校教务、后勤等服务于学生的各部门整体工作时间将全部后移一周左右的时间，结果造成学校各系统工作量的整体增加。同时，由于此种安排给授课教师增加了授课课时工作量、对学生增加了上课课时量，可能导致授课教师和学生都会出现一定的心理接受难度。

### （二）授课时点与对象

在授课时点上，考后复盘评析短课必须充分认识考后及时评析对学生的认知意义，牢牢抓住学生在考后"即时温故"的热度，体现"趁热打铁、即时跟进"，尽可能安排在课程考试结束后的一周之内立即进行。考虑到学生期末考试各门课程的集中进行，为避免出现学生考试时间与考后评析短课授课时间、地点的冲突和安排上的混乱，可以在学生各门课程考试全部结束后的一周内，集中安排所有专业课程考试的复盘评析短课。这样时间上安排的合理性可能还在于：学生在全部考试已经结束后心理状态已经相对轻松，考后评析短课往往类似学生应试大战之后的餐后甜点，复盘评析短课往往容易在较为轻松的授课氛围中进行，能够取得复盘评析短课的较佳效果。

在授课对象的设定上，首先，本次本级参加课程考试的同学是考后评析短课的主要课程对象。在教学课程模块设置上必须要求本次本级参加课程考试的同学全员参加。考后复盘评析短课的首要目标在于“趁热打铁”，主要帮助本次考试的本级考生在考后及时剖析考试命题指向和命题重点，复盘引导答题思路和分析方法，讲明、比对试题标准答案的落脚点与本级考生答案的偏差之处。基于此首要的目标定位，在考后评析短课课程的授课对象上，应紧紧围绕和主要服务于本次授课的本级考生进行。与此相匹配，在课程评析的具体组织上，相对延伸参加的其他授课对象，也应优先确保本次本级考生的发言、讨论、提问等交互环节的参与性。其次，基于国家法律制度及法学理论发展的动态性特征（不同科目的法学本科课程可能存在程度性差异），复盘评析短课可视具体课程的必要性，在授课对象上向上一级或上几级同学延伸和拓展。在上课前，复盘评析短课的试卷内容、具体时间、地点等信息应提前公示、披露给上一级或上几级考生—但原则上不作强制性要求—以方便上一级或上几级考生了解、认知同一学科、同一课程的跨年度或跨学期的法制进展和理论前沿情况。在授课教室安排等细节上，应注意提前统计拟参加同学的总人数，以便适时安排足够容量的授课地点。

### （三）复盘评析目标

考后复盘评析课程的评析目标应大处着眼，但又因课时所限，应从小处着手。从大处说，考后评析课程不应仅局限于对学生现有知识掌握水平“考试考核”的事后评价，更是为了实现课程整体上的教学效果最优，对考生实现在课程整体知识架构和实践应用能力上的进一步提升。但这一“大目标”却因短课课程时间的有限而不宜泛化。就具体操作性实施而言，考后评析课程必须精准锁定明确的“小目标”，才能在有限的课程授课时间内实现短课授课的效果最优化。因短课课程的课时（2 节课，90 分钟）所限，考后评析短课必须紧紧锁定和围绕课程考试中的核心内容展开，而不宜贪多铺陈，就考后评析的内容作超过合理限度的拓展和发散。考后评析短课的基本目标在于帮助学生及时在考后、评分后，不但知其然，而且知其所以然。考后评析短课更为重要的核心目标在于，不但是通过评析让考生知道其试卷答案在结果上的正确、错误或者偏差的程度，更是要通过复盘评析的讲解，帮助授课对象进一步提升和拓宽其在特定的法学学科、特定的法学课程和特定的法律场景下，在分析问题、解决问题等方面的思辨能力与实际应用能力。与此相关的是，在围绕同一份试卷评析内容的选定和课程内的分析时间分配上，对纯粹客观题或学生通过自行查阅法律规范或考前教案即可自己搞清楚的内容，授课教师可以作简单提示性带过；而对主观性试题，尤其是其中的案例分析题和论述题等，则应该作为评析的重点内容，分别侧重从法律实务和理论研究两个方面予以深度拓展，使得考后评析课程重点明确、确有价值。

### （四）复盘评析方法及效果

考后反馈，是指教师阅卷评分后，把试卷发给考生，用考生自己的答卷教育本人的活动。在具体方法上包括：让考生自己查卷，查进步，查漏洞，挑错误，找原因，通过试卷分析，考生比对、找出丢分原因，提出疑难问题，向教师反馈；授课教师再经过认真研究、分析，向考生作有针对性的试卷评析，反馈考生的质疑和疑问。[1]授课老师在具体组织考后评析课时，应围绕考生

〔1〕 赵思：《提倡“考后反馈”》，载《人民教育》1985 年第 Z1 期，第 64 页。

在考试中所反映出来的共同性典型错误，分析在答案层面和思路方法上的错误原因，对所考查的重点知识及其运用进行总结提高。本轮课程考试的考生根据授课老师的考后评析、具体讲解和方法启发，在考试之后再延伸本门课程的学习总结，通过考后评析课程的实质性参与，进一步优化和调校本身具体的知识偏差和方法。与此同时，授课老师也可以通过在考后评析课程中的师生互动，进一步改进本门课程的教育方法，为提高本门课程后续的教育教学效果打下扎实基础。

考后复盘评析短课课程的真正价值在于，考生通过该过程真正弄清楚了出错问题所在和错误原因，并通过“疑信相勘”的师生双向交流过程，深化了对所考查知识点的内容理解。“主观上认为自己掌握”和“客观上自己已掌握”是两种不同的状态。考生可以通过考后复盘评析这一课程安排，发现和调校自己的认知误差。由于考后复盘评析短课一般安排在考生已经考试完成，考生的考核结果和考核绩分确定以后，所以课程气氛相对没有现实压力。师生互动可通过采用类似 Seminar 研讨课的方式，能够让考生在迫切想知道自己答题错误具体所在和错误原因的心理状态下，促进考生对课程知识的接受效果。“考后反馈”是优化和深化教学效果的最佳时机之一。[1]

## 四、法学本科课程考后复盘评析实证案例分析

针对上文所讨论的法学本科课程教学考后复盘评析短课设置，试列举一道法学本科工程法学课程期末考试中分值为 10 分的案例分析题，并通过对该题书面标准答案和考后复盘评析短课内容的比较分析，予以进一步说明。

### （一）供分析的案例题及书面标准答案

案例分析题（10 分）：甲单位与乙工程公司签订《建设工程施工合同》一份，约定甲单位将工程项目直接发包给乙工程公司

〔1〕 赵思：《提倡“考后反馈”》，载《人民教育》1985 年第 Z1 期，第 64 页。

施工，约定工期延误违约金为10万元/天。乙公司具备项目施工相应资质。工程项目竣工时，工期比合同工期延误50天。试区分不同情况讨论甲单位是否有权向法院起诉乙公司承担工期延误违约金。该试题简略标准答案为：在甲单位为民营资金投入的组织体且案涉项目土地使用权证、建设工程规划许可证、建设用地规划许可证齐全时，施工合同有效，且工期延误为乙公司原因时甲单位有权主张（4分）。在甲单位为国有资金投入的组织体或案涉项目土地使用权证、建设工程规划许可证或建设用地规划许可证缺少一项或几项、施工合同无效，或工期延误非乙公司原因时，甲单位都无权主张（4分）。把试题中的“甲单位是否有权”区分程序上的“起诉权”和实体上的“胜诉权”对甲单位是否有权加以讨论（2分）。

### （二）考后复盘评析的内容

针对该实体复盘短课评析的内容可以包括但不限于以下方面：

在基本思路上，本案例的问题是“甲单位是否有权”据施工合同主张工期延误违约金，因此从思考问题的切入点上应首先分析甲单位的请求权是否具备有效契约约定的请求权基础。如果合同无效或工期延误系乙方原因导致的事实不存在，则甲单位请求权不能成立，而仅能拥有程序上的诉权。

沿此基本思路，本案例的核心在于分不同情况，具体区分案例中施工合同的法律效力。命题中既然让考生区分不同情况开展讨论，即隐含命题中给出的部分事实存在不完全明确的多种可能。由于案件的当事人往往不完全知晓施工合同有效或者无效的法律上的构成要件，这种情况在法律咨询或诉讼实务中会经常遇到，这就要求考生能基于课程中的已学知识，把案例中的不明事实涵摄到具体的法律构成要件中予以具体分析，以后在实务处理中才可能准确开出面向当事人的案件事实问题清单。这正是本案例考题旨在训练和培养考生实务操作能力的价值所在。

考生首先应注意题目的不明事实之一，即“甲单位”的表述，并敏感注意到题中“直接发包”的施工合同签约方式。根据民法总则的规定，单位组织体按照不同分类标准有多种分类的结果（此处可对民事基本组织体的知识内容作适当温习回顾），其中直接涉及本案例施工合同法律效力和发包方式的是作为本案例工程项目业主方“甲单位”在投资来源上的资金属性。根据现有中国法律规定，公共资金为主投入的政府机构、国有企业等单位的工程项目一般必须强制招标（此处可简要引入项目性质、规模标准的判断与区分方法），否则施工合同无效；而民营资金投入的工程项目业主方可以通过直接发包方式签订施工合同。因此，如果甲单位为政府机构或国有企业，本案例施工合同因违反法律、行政法规的效力性强制性规定而无效；如果甲单位为民营企业或其他组织，则本案例施工合同有效（此处可以教会学生从“启信宝”等移动终端应用软件或者国家工商注册信息网等处查询判断实务中“甲单位”的资金来源构成）。

考生其次应注意题目的不明事实之二，即“工程项目竣工时工期比合同工期延误 50 天”的表述。在这个问题上，如果教师不加以讲解，学生很容易根据字面意思掉入“考题陷阱”。甚至考分结果出来后，学生一般都不会意识到这是一个工程法学的特殊考点。题目中的“工程项目竣工时工期比合同工期延误 50 天”只是一个客观中性的事实表述，但工程项目施工工期延误并非一定就是由于施工单位造成的。此处可以“趁热打铁”给学生讲解，在工程项目管理的项目实施阶段，有勘察错误、设计错误、甲方提供施工作业面不及时、甲方供材不及时到位、甲方指定分包或平行发包延误多天、甲方延误付款、工程变更等多种因素都有可能导致施工单位工期延误。而在不可归责于施工单位原因的前述多种情况下，即便工程项目施工工期在客观上比合同约定工期延误多天，施工单位也无需为工期延误承担工期延误违约金。与此相反，施工单位可以反诉业主单位以获得一定的人工、机械设备台班、物料租赁甚至总部管理费分摊等方面的损失索赔。借此案例可以提醒学生注意：一是法律事实结果与法律事实原因的区分，切忌想当然；二是因果关系不仅是侵权法上归责规则的主要内容之一，而且在施工合同等契约法上也有广泛的应用。

考生最后应注意题目的不明问题之三，即“甲单位是否有权向法院起诉乙公司承担工期延误违约金”之问。此问的考点在于考查和培养考生严谨穷究、追问问题、作为被问的对象能否把被问的不精确问题通过反问或者追问予以进一步精确化等的“问题处理能力”。考生在以后的法律实务中会遇到当事人经常询问的问题是“我是否有权起诉某某”；此考点在于区分法律上诉权可以分为程序上发动诉讼的“起诉权”和实体上获得司法机构支持的“胜诉权”。考生在知识把握上可能对这一常识性的区分是掌握的，但通过案例不经意地纳入考点，而后通过考后的复盘评析讲解，并通过学生“这也会考？但又不得不服”的考后感受，在很大程度上加深学生法律严谨性、问题精准化的印象，并现实地应用于以后的实务工作。视复盘短课时间具体设置的长短和学生的实际情况，还可以加入其他内容以共讨论。

通过以上一道具体案例分析题标准答案和考后评析两种不同方式的比较可以发现，通过法学本科课程考试后的复盘评析短课的设置，可以更好地从“知识”、“技巧”和“经验”三个层次，全方位立体提升学生对考试试题的把握能力、对具体问题的严谨分析能力和对法律知识实际运用的能力。

## 五、结语

大道至简，大道相通。中国的古人很早就认识到“温故而知新”、“一疑一信相参勘，勘极而成知者，其知始真”的教育和认识规律。[1]作为高等教育铺垫的通识性小学教育、中等教育，教师的考后复盘评析课程早就是基本且重要的教学方法。高等教育的高等并不需要刻意体现对人类基本教育和认知规律的排斥。在某种程度上，本文倡导对法学本科教学考试后复盘评析短课的设

〔1〕（明）洪应明：《菜根谭》，湖北人民出版社1995年版，第43页。

置，正是在教育的细节上对这些观念和基本教育常识的回应。课程教学考试和招生考试、职业资格考试、就业考试等其他类型考试的一个核心功能性区分即在于其“以考促学、以考促教”的定位。以充分尊重基本教育认知规律和重新定位高等教育课程考试的目标功能为基础，法学本科课程教学不应在课程考试结束后就“有考无教”、戛然而止，而应切实改革现有的教学与考核衔接机制，重新重视真正有价值的考后复盘评析教学的“最后一公里”，积极探索法学本科课程教学考后复盘评析的短课设置，以极小的课时成本投入换取法学本科课程的教学效果最大化。

# 百花园

Spring Garden

# 《中华人民共和国合同法》两英译本目的语读者角度的翻译质量检测分析报告

◎李　立　吕林懋*

**摘　要：** 目前我国《合同法》英译的研究主要是从源语言背景出发，而从目的语言背景出发的研究则相对欠缺。本文旨在从目的语读者入手，突破源语言译者思维范畴，对中国《合同法》的两个英译本的翻译质量在目的语读者中进行实地检测。研究通过在美国密歇根州发放调查问卷和一对一访谈的形式进行。所得数据由SPSS19.0进行分析，以图表形式呈现。数据在评价两译本翻译质量的基础上，证实了部分我国翻译界已有的研究结果，但在语态、语序、词语名词化等方面则展现了与当前主流翻译理论的不一致之处。

**关键词：** 中国《合同法》　翻译质量　目的语读者　实证研究

## 一、引言

《中华人民共和国合同法》（以下简称《合同法》）自 1999 年施行以来，成为我国对外商事活动中使用最

* 李立，中国政法大学外国语学院；吕林懋，中国政法大学法学院。

为广泛的规范性法律文件之一，因此，《合同法》的翻译对于规范对外贸易合同行为，减少中外交易摩擦以及扩大中国法准据法范围至关重要。由于中英语言本身以及我国大陆法系和英美法系法律背景的巨大差异，如何在法律文件的翻译过程中克服这两项障碍，使中国法律走向世界，成为我国法律翻译面临的难题。随着我国对外经贸往来的发展，一些学者对于我国《合同法》的翻译进行了研究，但因为缺少对目的语读者实地调查，我国法律翻译在源语言和目的语研究上出现了明显的不均衡。奈达在其功能对等理论中提出，输出语在目的语读者中的接受程度是达到译本功能对等的指标。李长栓教授对翻译过程的研究也将译文在目的语语料库中的反复检验作为翻译过程的重要一环。由此，本文选取了中国方正出版社2004年和中国法制出版社2007年出版的《合同法》的英译文本，在目的语读者群中对其翻译质量进行评价。

## 二、研究方法

笔者结合李杰对方正版和法制版《合同法》的译文研究，挑选出10个涉及不同语言现象的条款译文，通过问卷调查和访谈的形式，在目的语读者群中对两译本翻译质量进行检测。本次研究的对象是来自美国密歇根州30名具有一定法律背景的受访者，其职业范围包括地方法院法官、律师、公司法务、法学院在读学生、审计师和英文教师等。30名受访者均接受了问卷调查，其中15名受访者在问卷调查的基础上接受了访谈。问卷要求受访者对两译本的可读性、准确性、专业性和简洁性四个方面，分四个等级进行评分（1分最低，4分最高）。之后，结合译文中出现的翻译方法，有针对性地调查受访者对使用该翻译方法的态度。问卷最终的调查数据由SPSS19.0进行分析和对比。本文将在问卷数据的分析结果和访谈记录的基础上，对两译本的翻译质量进行评价并对调查结果展现出来的翻译问题进行分析。

## 三、两译本翻译质量总体分析

为了整体对比两译本翻译水平，本文对10个条文的可读性、准确性、专业性和简洁性四个方面评分的平均数进行统计，制成图 1。

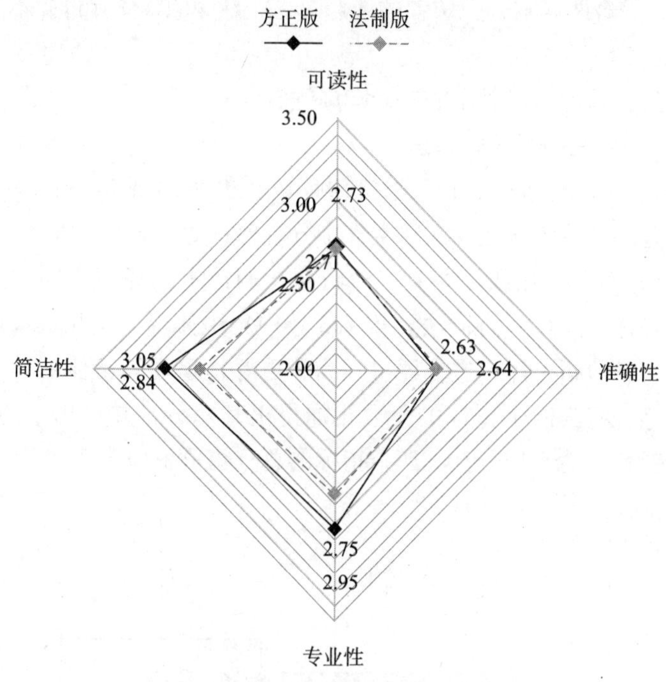


**图 1　两译本四个方面均分雷达图**

分析数据，可以得出三条结论：

第一，两译本的翻译水平差异不大。方正版较法制版语言优势略强。在准确性的得分上，方正版略逊于法制版，得分分别为 2. 63 分、2. 64 分。在可读性、专业性和简洁性的得分上，方正版均高于法制版。尤其是在简洁性这一指标上，方正版得分比法制版高出 0. 21 分。此外，在专业性和可读性两项指标中，方正版比法制版的得分分别高出 0. 2 分、0. 02 分。

第二，两译本的简洁性最受认可，准确性和可读性评分最低。从整体数据分布来看，两译本在简洁性上的得分相对于其他三个指标得分较高，证明简洁性是两译本在目的语读者中认可度最高的一项。四项指标中得分最低的是准确性，两译本得分都相对较低；此外，在可读性方面二者的评分也差强人意。

第三，四项指标整体得分不高。综合四个指标的得分情况，两译本只有在简洁性一项中评分超出3分，其余三项都在3分以下。可见，综合两译本，受访者对《合同法》翻译的整体评价并不高。

## 四、调查结果显示的具体翻译问题

### （一）常用词语的译法

我国《合同法》中一些常用词语，由于出现频率很高，因此，对于读者整体把握法律文件十分重要。对《合同法》中“标的”“孳息”“债权人”这三个词语，两译本选择了不同的单词进行表达，并在《合同法》第103条中集中体现。因此笔者选取第103条的两个译文进行评价。为了更好地呈现其整体的评分情况，笔者将其四个指标的分数相加得出其总分，并算出了30名受访者总分的平均分。其四个指标的总分箱形图如图2。

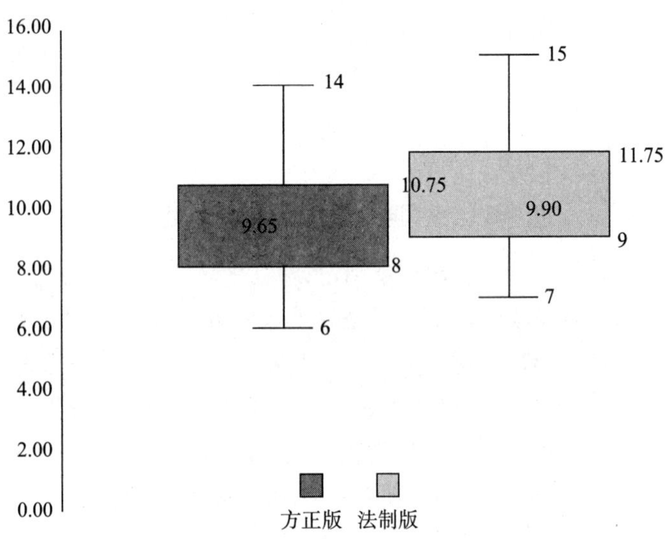


**图2 《合同法》第103条四项指标的总分箱形图**

就二者得分总分情况来看，方正版翻译所得分总分最低为6分，最高分为14分，平均分为9.66分，得分主要集中在8分-10.75分之间。法制版总得分总分最低为7分，最高分为15分，平均分为9.91分，得分主要集中在9分-11.75分之间。因此，法制版翻译这篇文章的水平高于方正版。从方正版和法制版四个指标分别得分情况来看，造成两译本得分差异的原因主要在于受访者对二者准确性评价的差异。其中方正版在准确性方面的总得分（满分120分）为54分，法制版总得分为68分。这两个条文的主要差异集中在其对“标的”“孳息”“债权人”三个词语的翻译上。其中，方正版将“标的”翻译为“object”，而法制版则选择了“targeted matter”；在方正版的翻译中“孳息”用“fruits”表达，法制版则选择了“accrued interest”；在“债权人”的表达上，方正版选择了“creditor”，而法制版采用了“obligee”。表1是受访者对三对固定词语翻译的态度分布。

**表1 常用词语的翻译受访者态度分布**

| 同义词 | | 百分比 |
|---|---|---|
| （1） | object | 16.67% |
| | targeted matter | 83.33% |
| （2） | fruits | 83.33% |
| | accrued interest | 16.67% |
| （3） | creditor | 100.00% |
| | obligee（debtor/obligor） | 0.00% |

依据该统计结果，对每一对词语的翻译可以作如下分析：

第一，大陆法系和英美法系法律概念差异。“孳息”一词来源于罗马法，由拉丁语“fructus”，演化为英语“fruits”，是我国物权法中重要的概念。很明显，在普通法国家，“孳息”的概念并不普遍；相反，“accrued interest”应计利息，作为较常用的金融词汇，尽管与原意有较大出入，但却为更多人所认可。

第二，直译和意译的冲突。在对“标的”的翻译上，方正版将其意译为“object”，法制版选择直译，译为“targeted matter”。对此，受访者的态度相对一致，大多数的受访者选择“object”。在与受访者进行的访谈中发现，超过80%的受访者认为“targeted matter”在英文中没有任何意义或者很奇怪。此外，很久以来“object”已经被作为法律中的legal jargon在使用了。

第三，常用词对法律专业词汇的胜利。对于“债权人”的表述，“creditor”作为一个在英语日常中经常出现的单词获得了压倒性支持；与此相对的“obligee”虽然精准地表现了债的权利义务属性，但因为具有较强的法律专业性，即便是在具有法律背景的目的语读者中，简单易懂的“creditor”依然具有巨大的优势。

## （二）固定短句的翻译

我国《合同法》中存在许多经常出现的固定表达。对这些具有中国特色的表达方式的英译是对译者极大的挑战。《合同法》第 8 条中“依法成立的”“按照约定履行”“受法律保护”三个短语，笔者通过对第 8 条进行评分，并调查了受访者对两译本不同翻译的态度。方正版将这三个短句分别译作“legally executed”“as contracted”“is protected by”；法制版则分别翻译为“established in accordance with the law”“in accordance with the terms of the contract”“shall be under the protection”。以下是受访者对两译本的态度统计。

表 2　固定短句翻译的受访者态度分布

| Synonymous Phrases | | Percent |
|---|---|---|
| (1) | legally executed | 54.55% |
| | established in accordance with the law | 45.45% |
| (2) | as contracted | 18.18% |
| | in accordance with the terms of the contract | 81.82% |
| (3) | is protected by | 90.91% |
| | shall be under the protection | 9.09% |

为了更深入了解统计结果背后的原因，笔者在实地访谈中对受访者偏好的原因进行了采访。以下结合表 2 及访谈结果对统计结果进行分析：

对“依法成立”的翻译，受访者对两种翻译的态度相差不大。在访谈中，选择“legally executed”的受访者认为，其在简洁性方面有很大优势；而选择“established in accordance with the law”则认为，尽管这个短语相对较长，但在法律文本中出现的频率非常高，是在美国非常常见的法律短语。

在第二对翻译的比较中，字数明显增多的“in accordance with the terms of the contract”获得了超过80%的支持，受访者认为，尽管该句较长，但对于没有法律背景的人来说非常清楚明确，因而可读性也更强。

关于“受法律保护”表现的两译本译者对“受……”句型的把握。“受……”是中文中非常常用的表示被动的句型。方正版对此进行了直译，直接译作“被保护”；而法制版则显然有增译倾向，译为“应当在法律的保护之下”，相对较长。由于直译本身就可以把意思准确传达，因此大部分的受访者更倾向于前者。

### （三）易发生混淆的法律词汇

中美在语言、法系上的差异在带来了理解上的困难的同时，也产生了容易混淆的法律概念。而厘清这些混淆，对译者来说既是挑战也是必须要具备的能力。笔者选取了《合同法》第9条在受访者中进行调查，其中涉及的我国民法中的核心词汇“民事权利能力”和“民事行为能力”的翻译成为目的语读者评价的核心。笔者将其四个指标的分数相加得出其总分，并算出了30名受访者总分的平均分。两译本的评分总分箱形图如图3。

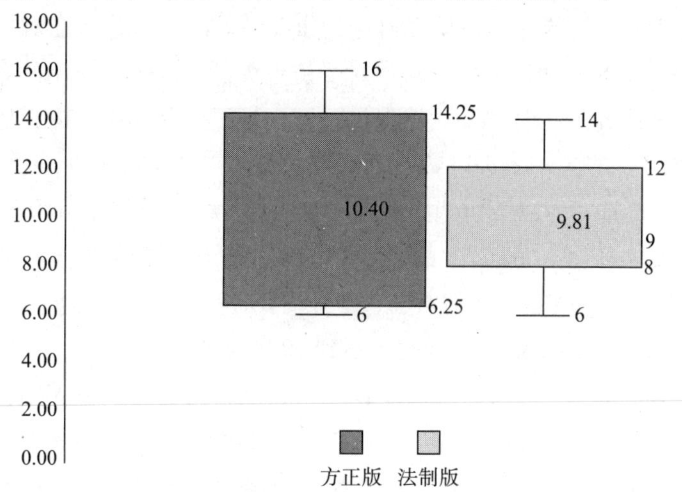


**图3 《合同法》第9条四项指标总分箱形图**

上图中，方正版的翻译总分极差很大，四分位差达到了 8，展现了受访者对该翻译的态度的分化。法制版翻译的数据相对集中，但得分上却没有方正版高。《合同法》第 9 条是《合同法》中的基础性条文，其中的“民事权利能力”和“民事行为能力”是我国民法中框架性的法律术语。方正版中使用了“civil right”和“civil conduct”，与法制版相比，对于目的语读者来说是目的语中十分常用的词汇。因此，一些受访者对方正版的评分较高。但一些受访者在访谈中表示，结合该法律文本《合同法》的语境来看，此处的含义应该与英美文化中的“civil right”和“civil conduct”有所不同，因而译文的准确性就大打折扣。陈忠诚先生就曾指出，二者可能被译作“民权”和“文明行为”。这也是一部分受访者给出较低分数的原因。尽管方正版的得分很高，但在一定程度上是属于错译。译者在翻译过程中对于可能在源语言和目的语之间造成混淆的概念上应当慎之又慎。

**（四）Shall 的使用**

法律文本中“shall”的使用在我国法律翻译学界饱受争议。“shall”在法律文本翻译中的滥用现象最早由陈忠诚先生提出，李克兴先生也曾发文对“shall”的误用和滥用进行了系统阐述，并在近年逐渐成为翻译学界讨论的重要话题之一。笔者在对《合同法》第 8 条的评分中，附带对受访者关于“shall”使用的意见进行了研究。在对“受法律保护”这一短语的翻译中，方正版直接使用了“is protected by”，而法制版则使用“shall under the protection of law”，以下饼状图展现了受访者对“shall”使用的态度。

图 4 所展示的 2/3 的受访者则认为，在这种语境下删除“shall”不会改变原文的意义，但还有 1/4 的受访者认为“shall”的删除会影响条文的严肃性，不到 10% 的受访者则认为“shall”会影响到条款的专业性。在访谈中，密歇根马克姆郡 41A 地区法院的法官 Judge Kimberley 认为，在这个语境下，shall 的有无对法条文义并不会有太改变，但是如果该条文是命令性条款的话，shall 就绝对不可省略。

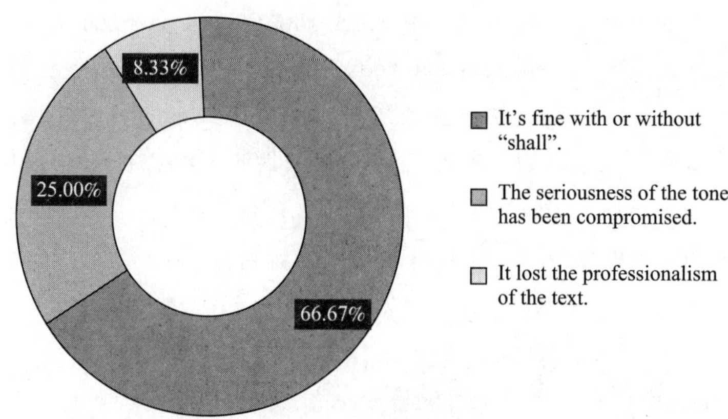


图 4　固定短句翻译受访者态度分布

### （五）语序问题

在对《合同法》第 9 条的评分中，笔者对两译本采取的不同语序也做了研究。方正版的翻译采用了主语在前、条件句插入的方法。而法制版忠实于中文的语序，将条件句“当事人订立合同”放于句首，采用了条件提前的方式。对于这个差异，92% 的受访者倾向于主语在前的翻译方法。由此可见中英语言及思维结构上的差异。

### （六）比喻性词汇的使用

笔者选取了《合同法》第 204 条，其中方正版和法制版对“贷款利率的上下限”采取了不同的翻译方法。方正版使用了金融领域常用的比喻性用词“within the ceiling and floor”来表示上下限，法制版则采用了对中文的直译“upper limit and lower limit”。在对方正版和法制版的四项评分中，法制版的得分比方正版在可读性上高了 26 分，准确性上高了 24 分。得分的差距体现了受访者对法制版翻译的认同。以下饼状图展现了受访者对法律文本中的比喻性词汇的态度。

由图 5 可知，其中 64. 29% 的人认为比喻性的词语损害文本的准确性，引起歧义；21. 43% 的受访者认为它降低了法律文本的专业性和严肃性；仅仅有 7. 14% 的受访者认为，是否使用比喻性语言对条文不重要。对“within the ceiling and floor”这一金融词汇的不认同，因此绝大多数的受访者选择了法制版译文。有着金融背景的受访者 Brandon Yee 在访谈中表示，尽管自己知道这一金融词汇，但这种表达方法使得该法律文本的专业性降低，对于没有金融背景的人来讲尤其如此。此外，审计师 Kathy Wood 和律师 Jeffery Verbeek 提出，相比于译文中的词汇，使用“maximum and minimum”可能更加恰当。

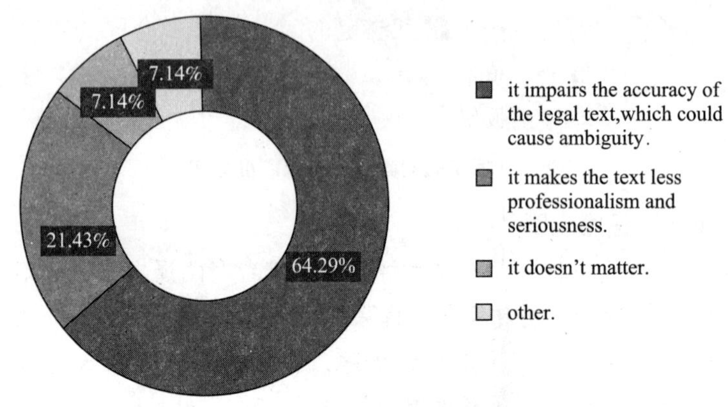


**图 5　比喻性词汇使用受访者态度分布**

## （七）名词化和主动语态

名词化是英文法律文本的一个重要特征，是法律翻译中的一个重要技巧。笔者选择《合同法》第 2 条对受访者关于动词名词化的使用进行了调查。《合同法》第 2 条规定了合同的定义：“本法所称合同是平等主体的自然人、法人、其他组织之间设立、变更、终止民事权利义务关系的协议。”其中，方正版将“设立”、“变更”和“终止”三个词语名词化：“a contract means an agreement on the establishment, alteration or termination of a civil right-obligation relationship”；而法制版忠实于原文，使用动名词形式“…refers to an agreement establishing, modifying and terminating the civil rights and obligations…”。在调查中，72% 的受访者选择了动名词形式。律师 Schapka 认为动名词形式表现了一种更加强烈和直接的感觉，因此他选择了法制版。Brandon Yee 也表示，法制版使用的主动语态和展现出的简洁性和明确性是他选择了法制版的原因。此外，在关于被动语态和主动语态的调查中，75%的受访者倾向于主动语态，因为他们普遍认为主动语态直接简单，容易理解且表意清晰。

### （八）拉丁词语的使用

拉丁词语的使用是法律文本的另一个重要特征，笔者选取了《合同法》第174条，对受访者使用拉丁词语的态度进行研究。关于法条后一部分"……没有规定的，参照买卖合同的有关规定"。法制版使用"mutatis mutandis"增加了"随情况作必要修正"的含义；而方正版仅进行了文本翻译。在对法条的评分上，方正版的得分显著高于法制版，其中在可读性方面，方正版比法制版高了20分。在对受访者使用拉丁语词态度的调查中发现，受访者的态度并不集中，呈现出相反的两种态度。如图6所示：

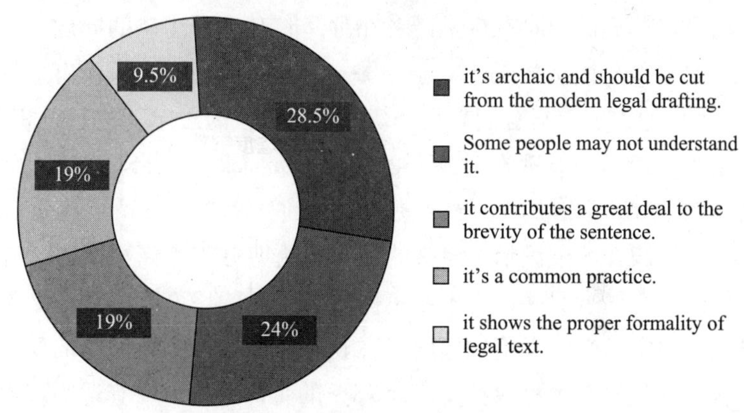


**图6 受访者对拉丁词语的态度分布**

在对拉丁语使用持怀疑态度的受访者中，其中28.5%的受访者表示使用拉丁词语太古旧，应当从法律文本中删除；24%的受访者认为有些读者可能不能理解拉丁词语。与此相反，简洁和正式性构成了拉丁词语最显著的两大优点，大约有40%人表达了他们对拉丁语词使用的支持。此外，还有9.5%的受访者仅将拉丁词语的使用当成一种法律英语的惯例，没有发表观点。在访谈中，律师Jeffery Verbeek明确表明反感使用拉丁词语："我不喜欢使用拉丁词语，因为很多人会不理解，那很容易带来困惑。"而

Schapka 说："拉丁词语的使用消除了任何混乱，减少了争议。"

### （九）人称代词的使用

法律文本中，为了追求简洁性，在表示上文提到的主体时，是否可以采用"he"这样的人称代词？《合同法》第 162 条中，法制版译文就使用了"if he refuses to accept the excess part, the buyer shall make a notice to the seller promptly"。用"he"代指上文的"the buyer"。对于这样的使用，60% 的受访者反对直接使用"he"，他们认为这样的使用会带来诸如性别歧视、指代不严谨的问题。40% 的受访者则采取了更加宽容的态度，他们认为，只要使用"he"是法律文本中的一种惯例，他们就可以接受。

### （十）时态的使用

在法律文本翻译过程中，由于中英语言的差异，在英语语法结构中选择合适的时态也是译者在翻译时必须要注意的问题。笔者选取了《合同法》第 126 条"……涉外合同的当事人没有选择（法律）的，适用与合同有最密切联系的国家的法律"进行分析。方正版使用了一般现在时态下的"Fail to make such choice"；而法制版使用了相对复杂的现在完成时态"Have not made a choice"。调查结果显示，54% 的受访者认为方正版译文较好。在具体问到受访者对法律文本中不同时态使用的态度时，研究结果显示，54% 的受访者更加倾向于一般现在时态；其余 28% 的受访者认为其他时态也可以接受；而 18% 的受访者认为在有适当理由的时候，可以使用其他时态。在访谈中，受访者都对两译本的表达效果进行了细致的分析，支持一般现在时态的受访者认为一般现在时态简单明确，且表意有力；而另一译本使用现在完成时态，表示从某一时间点到未来时间点权利人享有的权利，比较复杂，容易产生理解上的差异；而选择现在完成时态的受访者则认为，此语境下，现在完成时态更符合权利人持续享有权利的状态。

### （十一）一些简单错误

在调查中，受访者指出了一些两译本中出现的简单的用法上的错误，这里特别列出，以供参考。

1. “Apply”的语态

对《合同法》第159条中“不适用该两年的规定”中“适用”的翻译上，方正版选择使用了apply的主动语态，“the quality guarantee period shall apply”；而法制版使用了它的被动语态，“the said quality guarantee period shall be applied”。“适用”是法律文本中出现频率极高的词汇。在调查中，100%的受访者认为此处应当使用主动语态，其中3名律师明确指出使用apply的被动语态是“poor grammar”。此外律师Schapka也说，使用主动语态也会使条文更加简洁。

2. “The Above Said”

同样还是在“不适用该两年的规定”的翻译中，法制版的翻译为“the said quality guarantee period shall be applied instead of the above said 2 years”。受访者指出这里“the above said”的使用十分不专业，因为上文提到的两年的法定异议通知时间只出现在该句话之前的一句中，且属于同一条款，使用这个词汇有些不妥。

## 五、讨论与结语

由于本文旨在对《合同法》方正译本和法制译本翻译质量在目的语读者中的检测分析结果进行报告，因此无法对上文研究结果中体现出的法律翻译的具体问题进行详细论证或者提出解决方法。因此，基于此项研究的检测结果，笔者仅从宏观角度得出以下结论：

第一，在方正版和法制版译本中，方正版译文目的语读者评价相对较高。但更值得注意的是，无论是方正版还是法制版，其平均分整体都不高，这体现了目的语读者对我国《合同法》译本的基本评价。尤其在可读性和准确性这两个方面得分都很不理想，说明了我国目前《合同法》翻译上的重大缺陷。

第二，从整体数据上来看，受访者对于文本的平易性、易读性要求较高，这一点可以从对语序的选择、语态的偏好、对拉丁词使用的态度和近义词汇的选择中得到例证。

第三，本次研究结果中暴露了一些与之前我国法律翻译界翻译习惯以及翻译理念的矛盾，如某些术语的翻译、语态的选择和名词化的使用等。关于这些方面的矛盾和涉及的具体的法律翻译问题，值得相关学者在本项研究结果的基础上开展进一步研究和探讨。

# 新媒体时代下的高校师生思想动态与网络舆情应对机制 *

## ——以中国政法大学为例

◎刘　杰**

**摘　要：** 在新媒体时代，获取信息的途径愈加丰富而高效，由此带来的舆情也层出不穷。作为思想碰撞尤为激烈的高校，师生的思想动态和舆情导向也产生了新的特点和动向。如何应对这些变化，对高校的宣传部门来说是一个全新的命题。本文以中国政法大学为调研样本，为新媒体时代给高校的思想宣传工作和舆情监控提供了一个探索性的途径，只要深入研究新媒体时代所带来的媒介变化特点，切实并及时地关注、追踪高校师生的思想动态，建立健全相应的教育培养机制和应对措施，就有望将高校的思想宣传工作引入一个新的阶段。

**关键词：** 新媒体时代　网络舆情　应对机制

从传播学的角度看，人类从工业革命之后一共经历

---

* 本文系云南大学2017年度教育教学改革研究项目“卓越法律人才培养的现状、问题及改革措施研究”（项目号：2017Y01）的阶段性成果。

** 刘杰，中国政法大学党委宣传部副部长。

了三次媒介革命：印刷机的发明将人类文明从手抄媒介时代引入了印刷媒介时代；广播和电视的普及使信息的文字传播转化为声波和影像；而互联网这一快速发展的新媒介则将信息的传播速度和广度提升到了新的台阶，第三次媒介革命不仅实现了将电脑、手机等电子终端接入受众的日常生活，从而实现更快更广地传播信息，而且还将“新媒体”和“自媒体”等概念带进了人们的视野。

所谓自媒体，根据美国传播学学者谢因波曼和克里斯威利斯提出的“we media”原理，是指普通受众通过数字科技平台与全球知识体系相连后，理解普通大众如何提供与分享新闻和信息的途径。简而言之，自媒体是新媒体环境下产生的一种新形态的信息传播方式，它提升了普通大众在信息传播和媒介中的重要性，使得大众由单纯的被动接受信息者变成了信息的制造者和信息传播的参与者，并使传播的途径由线性传播变成了网状传播，从而增强了信息传播的传播高效性和流通性。

在新媒体时代的冲击下，高校的舆论阵地也面临着一系列新的变化，高校师生的思想动态和舆情导向会产生怎样新的特点和动向？如何应对这种媒介传播方式的变化所衍生的挑战？如何正确认识高校师生在新媒体和自媒体环境下对于传播越来越快和越来越广的信息的思想变化？如何快速处理高校范围内师生关于校园事件或社会热点话题的舆情信息？这些都给高校宣传工作和舆情监测工作带来了新的挑战，也是本文重点探讨的核心话题。

## 一、新媒体环境下高校网络舆情的内容

网络舆情“是以网络为载体，以事件为核心，是广大网民情感、态度、意见、观点的表达、传播与互动，以及后续影响力的集合。带有广大网民的主观性，未经媒体验证和包装，直接通过多种形式发布于互联网上”。网络舆情既有正面舆情，也有负面舆情，需要高校积极应对的往往特指以大学师生为主体，在网络上表达的带有情绪化和主观性的意见态度，以负面舆情为主。高

校网络舆情大体可归分为以下三类。

### （一）时政类网络舆情

随着网络发展，特别是新媒体时代的到来，全球信息的边界越来越模糊，国内大学生可通过多种渠道了解世界。大学生群体既有较强的公民责任感，又具备组织行动的天然优势，遇到某些时政类热门话题，如领土主权、同性权益、敏感时间节点等热门时事，一经煽动，极易激发他们的社会责任感和民族情怀，进而引发大规模的网络舆情。

### （二）日常突发类网络舆情

日常突发类网络舆情主要指事前无明显预警，事件发展快速，对校内师生的学习工作、对学校的形象声誉造成了不良影响乃至危害的各类舆情事件，这也是高校日常工作中最常见的一类舆情。其中既有坠楼事件等保卫安全相关的舆情事件，也包含了学术造假、学术不端、师德败坏，以及部分师生的不当言行被曝光等事件。

日常突发类网络舆情发展迅速，网上燃点低，如果缺乏官方及时、权威的消息发布，就会导致各类谣言扩散，也易引起媒体的关注，使得事态进一步扩大。其中特别值得关注的是近期高校师德相关的突发舆情。

### （三）与学校体制机制相关的网络负面舆情

该类网络舆情主要源于高校体制机制不健全所带来的负面问题。如在管理制度、入学招生、考试规范、收费标准上不透明、有漏洞，从而导致积压的矛盾在网络上集中爆发，形成极具破坏力、影响力的网络负面舆情。

## 二、中国政法大学关于师生思想动态和舆情的调查

为了探求高校师生思想动态和新媒体环境下的高校舆情动态，中国政法大学党委宣传部成立了专门课题组，对我校师生的思想动态以及高校网络舆情应对机制的现状开展了问卷调查，调查的结果可以从以下两方面的数据进行展示。

### （一）问卷的设计、发放和回收情况

本次调查问卷的发放采用分层抽样的方式，在我校教工和学生中分别发放问卷并进行回收统计。其中教工问卷发放120份，回收118份，回收率98.33%，学生问卷发放100份，回收74份，回收率74%。

本次课题组设计的问卷问题主要包括以下五个方面：

1. 上网习惯。即高校师生平时接触互联网和各种网络信息的时间、频率及使用习惯；

2. 对网络舆情的认知。包括获取舆论信息的渠道、关注的话题类型、对网上信息来源可靠度的判断和网络舆情的参与度等问题；

3. 对校园网络舆情的认知。这一部分的问题包括师生理解的高校网络舆情的范畴及传播途径、自己和周围的人对校园内发生的舆情所持有的一般态度以及对高校宣传部门对突发校园舆情的应对机制的意见与看法等；

4. 师生思想动态。这一部分的问题设置采取案例分析选择题，由师生分析相关案例并以程度的形式选择对问题的评判，从而分析师生对于社会热点问题的判断和思想动态；

5. 个人基本情况。包括教工的工作情况、年龄、政治面貌和信仰等，以及学生的家庭状况、政治面貌、社团经历、学生干部经历和信仰等问题。

### （二）问卷分析

通过对成功回收的118份教工问卷和74份学生问卷进行分析，可以看出以下情况：

就参与调研的师生的个人情况而言，绝大部分的师生都是中共党员或者共青团员；教工队伍中硕士和博士研究生占70%以上，而学生队伍中则大部分是本科学历；参与调研的教工多是专任授课教师或者学校的行政人员，学生则有一定比例的校级或院级各种组织或者团体的干部。

我校师生每天都会通过手机或者电脑上网从事各种活动五个

小时左右，被试师生大多数都是上网浏览新闻、进行信息检索、社交聊天或者收发邮件，大部分学生会经常浏览我校 BBS。

从问卷的数据中我们还可得出结论：我校大多数教工和学生都是通过报纸、手机新闻或者微博等手段获取舆论信息的。大约 90% 的师生对网络舆论中民生、娱乐新闻和社会热点之类的话题关注较多，对网络舆情的评价喜忧参半，并且认为这些网络舆论对自己的价值观和生活心态产生影响，但是不会轻易因此改变自己的观点。

面对网络上消极情绪和负面消息，我校超过 70% 的师生坚信流言止于智者，并有 15% 左右的师生认为自己有义务和责任将舆论引向积极的方向。虽然我校师生基本上不会对网络上的意见或者言论发表看法，但 80% 的师生还是认为应该用法律约束网络交流的自由度，用社会伦理道德进行自我约束。

而对于高校网络舆情，我校师生的关注度还是比较高的，但是理解很多样化。接近 35% 的师生认为，高校网络舆情是指高校师生对所有自己关心的公共事务以及高校师生之外的民众对自己关心的高等教育方面的公共事务所持有的各种意见总和，而也有超过 30% 的教工和学生认为高校网络舆情是指在校园网络上传播的具有一定规模的师生对某一热点问题所表现出有一定倾向性的共同意见。

对于如何准确把握师生思想动态和正确引导网络舆情这一问题，参与问卷调查的我校教工和学生的建议是：理顺部门工作机制，建立健全舆情管理机制；加强网宣网评工作，利用校园媒体进行正面引导；应设立突发网络舆情危机的新闻发言人，快速权威地处理应对舆情危机。

## 三、高校网络舆情管理现存问题分析

通过课题组对于我校师生的思想动态和舆情调查的问卷分析，我们可以从中看出，在新媒体时代下，高校的网络舆情存在以下特点和亟待解决的问题。

第一，在信息渠道越来越多元化的条件下，信息的传送缺少核查机制，师生获取消息的来源不准确。这与自媒体的特征息息相关，因为自媒体具有开放性、即时性、匿名性和引导性的特点，使得自媒体上的信息在传播过程中即时、快速并且大部分以匿名的形式出现，由于上述三个特点，使得自媒体平台上的其他受众在接收信息的时候容易被引导，从而产生舆论和舆情。简单来说，在新媒体时代下，网络舆情的产生要比传统媒体时代的舆情产生更加快速和复杂，舆情的规模和声量比过去也发生了质的变化，这种传播方式的进步带来的舆情发展变化，成为高校宣传部门在针对舆情监测和疏导时所面临的一大主要难题。

第二，由于新媒体在传播方法和媒介上所产生出的新特点，要求高校宣传部门在处理与师生相关的高校网络舆情时，也要创造出新的应对方式，而由于现今的SNS技术日新月异，产生舆论的平台已经不止于一开始的网站、论坛和微博等单一的媒介平台，拥有大量活跃用户群的媒介正以雨后春笋之势大量产生：微信朋友圈、今日头条等新闻社区，一直播、花椒直播、映客直播等直播平台，A站、B站等视频弹幕平台，甚至提供交流功能的游戏和音乐平台，每天都在产生大量的热点和评论，而其中任何一个引发师生关注的事件，都有可能成为引爆舆情的热点。如何发现这些热点并及时作出相关的舆情监测，如何有针对性地对这些各种平台上产生的舆情进行疏导和处理，对于负责高校意识形态和舆情监测的宣传部门来说，是一个前所未有的挑战。

第三，对于高校师生这一互联网活跃使用人群，管理部门现存的制度欠缺及时有效的把控。所谓把控，是指在事件舆情发生前，在高校师生之间进行相应的事先教育。通过对高校师生的思想动态进行调查可以看出，高校师生对于在网络空间的言论尺度和相关法律法规的了解程度并不深，很多时候在网络空间的发言仅凭朴素的价值观和正义感来自我约束，尽管这些道德层面的约束与法律规定有很大一部分重合，但是对于高校师生在网络上的语言边界、对于谣言的辨别和处理等问题，仍然需要高校在日常的学生思想工作和教学中加强普及。

第四，对于已经出现的舆情信息，高校舆情管理部门欠缺应有的疏通引导。例如在谣言出现并引发舆情的时候，如何在第一时间监测到舆情走向、调查真相、及时进行信息公开和辟谣等工作。

## 四、高校师生思想动态和网络舆情应对机制探索

上述提到的关于高校师生思想动态和网络舆情的应对所出现的种种问题，对高校的宣传工作和舆情管理部门提出了新的挑战，想要应对这些挑战，需要拓宽思路，进行以下五个方面的探索。

第一，要充分认识到高校舆情的主体人群的性质。高校舆情的主体是高校师生，这一主体的主要特征是师生均为高等教育普及人群，文化水平较高，热衷于参与社会热点问题和校园内事件的讨论。高校舆情的主体思维活跃，而且几乎都是互联网的活跃用户。高校学生这一主体在年龄和心理上都具有一定的共性，当代大学生生活环境优越但交际面狭窄，与人沟通能力不足，在学业和就业的压力下，他们迫切需要一个倾诉和自我展示的空间，网络正好满足了大学生对自由表达的需求。BBS、博客、论坛等网上的公共场所成为大学生自由发表评论的网络平台，校园内外的重大新闻和突发事件会第一时间出现在这一平台上，引发大学生的关注和讨论。因此，高校舆情工作部门要充分认识这一主体的特点，在思想和认识上为迎接新媒体时代的高校舆情挑战做好准备。

第二，高校宣传部门需要整合资源，将原来分散的、各自独立的与学生思想动态教育和舆情相关的各个教学单位和行政机关整合起来，一同推进学生关于网络使用规范和道德修养的建设。要加强对高校师生，尤其是学生关于网络使用规范的教育工作，积极整合有关部门出台的各项互联网使用规范和规范倡议。例如在学生的思想政治教育课和日常的辅导员会议上，以规范使用网

络为主题，将与互联网舆情和网络规范相关的法律法规、道德规范汇总，面向学生进行统一阐释；也可以以某个具体的舆情热点为案例，进行专题讲座，引导师生主动思考如何正确参与热点问题的舆情讨论，如何辨别网络谣言、如何正确看待和评价有争议的舆情问题；等等。

第三，面对日新月异的新媒体平台和各种各样的舆情产生媒体平台，高校宣传部门要加强对新媒体平台的认知与研究，随时关注新的舆论平台的产生和动向，而不能仅仅局限在 BBS、微信等少数几个已经成熟的平台。这是为了加强对于高校网络舆情的监控力度，以便第一时间掌握与师生思想动态密切相关的高校网络舆情，在多平台搜集信息，有助于及时全面地监测舆情动态，并提出应对措施。这就要求高校宣传部门在日常工作中就要深入了解师生们的网络使用习惯，及时关注最新的媒介动态，同时还需要宣传部门随时关注社会和校园内发生的大事小情，预估随时有可能引爆舆情的热点话题，做好防范措施和相应的准备工作。

第四，在出现师生密切关注的社会热点问题或者发生在校园师生身边的热点话题之后，面对迅速膨胀的舆情态势，要做好充分的应对措施。如监测报告和应急预案，在随时密切关注舆情动态变化的同时，预估未来的舆情走向；在舆情态势持续膨胀时，要有健全完善的应对措施，以防止负面信息持续扩散，舆情态势恶化。

第五，高校宣传部门在开展日常工作时，要时刻将舆情监测和管控纳入工作计划，这就要求在面向高校师生进行信息公开的工作时，尽量做到信息透明、信息公开。将网络不实信息和谣言扼杀在摇篮里，使真实准确的信息第一时间传递到高校网络舆情的主体中，以疏代堵，从根源上减少负面舆论和网络谣言，创造文明和谐的网络环境。

## 五、结论

国家治理法治化的新时代已然开启，而高校建设也正在逐步树立依法办学、依法治校的理念，不断完善内部治理结构。从高校师生思想动态和舆情管理的角度来看，高校的宣传部门所面临的困难和挑战同时也是一个契机。也就是说，新媒体时代给高校的思想宣传工作和舆情监控提供了一个开放思路，只要深入研究新媒体时代所带来的媒介变化特点，切实并及时地关注并追踪高校师生的思想动态，建立健全相应的教育培养机制和应对措施，就有望将高校的思想宣传工作引入一个新的阶段。

# 提高科学素养　培育创新能力　助力学生全面发展 [*]

## ——自然科学类通识教育体系改革与实践

◎王　云[**]

**摘　要：** 如何加强文科高校学生科学素质的培养是我们一直思考和探索的方向。以统一认识、确立培养目标为起点，通过优化课程体系、更新课程内容、教学方法信息化、丰富实验教学、改革考核方式、强化第三课堂等一系列的改革尝试，获得了较好的培养效果。

**关键词：** 自然科学　通识教育改革

### 一、改革的背景与目标

中国政法大学是一所以法学为特色和优势的多学科性大学，学科专业建设偏重于人文社科方向，在本科生综合素质培养上缺乏自然科学环境的滋养。科学技术教学部作为学校自然学科类公共课的教学单位，承担着全

---

* 本文系云南大学 2017 年度教育教学改革研究项目“卓越法律人才培养的现状、问题及改革措施研究”（项目号：2017Y01）的阶段性成果。

** 王云，中国政法大学法治信息管理学院副教授。

校学生科学素养培养和创新能力培育的重任。根据人才培养的规律，学校确立了培养厚基础、宽口径、高素质、强能力的复合型、应用型、创新型、国际型的高级专门人才的总目标，并从2005 年开启了新一轮的通识教育课程体系的设计和改革，自然科学类课程体系建设是其重要的组成部分。按照学校提出的通识教育课程建设的指导思想和具体目标，科学技术教学部组织骨干教师参与到自然科学类通识课的思考与改革之中。在充分调研论证的基础上，学校统领各个专业教研室，构建了分工明确、衔接有序、层次清晰的课程体系，同时更新了教学内容、变革了教学方法、丰富了实验过程、强化了教师对第二课堂的参与度，基本体现了“科技经典 + 前沿技术、翻转课堂 + 虚拟实验、兴趣授课 + 差异指导”的特点。经过一段时间的运行，取得了显著的成效，具体体现在：学生对自然科学类课程的兴趣度有了大幅提升，选课人数逐年攀升；课堂教学质量评价显著提高；参与试验实践的愿望强烈；科技竞赛成绩斐然；创新创业项目有较大突破，超出了我们预期的目标。

## 二、自然科学技术类课程体系的系统性建设

围绕“提升科学素养、培育创新能力”这一中心任务，通过问卷调研学生具备的科学素养的现状及需求，走访学习兄弟院校的改革经验，结合本部门教师的研究成果，根据我校实际情况进行了“课程体系的重构、实践教学的匹配、第二课堂的升华”的系统性创新。

### （一）课程体系的重构及教学实施各环节的创新

1. 课程体系的重构

先前，各教研室存在根据教师特长自主开课、单独确定教学目标，课程设计较“散”的现象，且教研室之间课程设计缺乏关联性和互补性。在重构课程体系之前，我们打开各教研室壁垒，根据科学素养培养的内涵和构成要素，统筹划分各教研室在总体目标中承担的培养任务，既相对独立，又存在内在的

逻辑联系，形成“统”的合力。例如：自然科学教研室具有物理、化学、环境学、科学哲学等专业师资，负责学生科学知识的普及、科学思想的传授；应用数学教研室主要完成对学生逻辑思维、科学能力的训练；计算机教研室负责学生的技术实践、科学意识培养。这样就构成了合理的培养架构。尔后各教研室根据自己职责，优化重组课程，实现完整的培养体系构建。具体实现如下表1。

**表1 自然科学类课程体系**

| 任务 | 教研室 | 课程群 |
| --- | --- | --- |
| 科学技术的应用实践与创新、科学意识培养 | 计算机教研室 | 计算思维（通识主干）；计算机概论（选）；计算机网络技术与应用（必）；网络安全技术（必）；程序设计基础（必）；电子证据（必）；电子政务（必）；多媒体技术与应用（必）；数字媒体（必）；数据管理与应用（必）；法律信息管理系统（必）；信息系统设计与管理（必）；社会科学大数据（必） |
| 逻辑思维、科学能力的训练 | 应用数学教研室 | 高等数学（一）（二）（必）；文科高等数学（通识主干）；概率论与数理统计（一）（二）（必）；线性代数（必）；管理数学（选）；金融数学（选）；数据统计与分析（选）；MATLAB与数学实验（选）；数学建模（选） |
| 科学知识普及、科学思想传授 | 自然科学教研室 | 自然科学史（选）；科技与人文（通识主干）；科学是什么（选）；环境科学概论（通识主干）；现代科学概论（选）；中国古代科学思想专题（选） |

2. 课程建设

在课程建设过程中强调围绕中心任务，遵循“课程内容新、案例资源新、技术方法新”的原则，大范围开展新课建设和有序推进教材建设。自然科学教研室在更新部分原来课程的基础上新编《自然科学史》，新建了4门课程，其中《中国古代科学思想专题》和《科学是什么》为2门选修课，《环境科学概论》和《科技与人文》则作为学校通识主干课进行重点建设。全部课程设计涵盖了从古代到现代的科学思想、科学技术与人物的介绍以及物理、化学、环境科学等专业知识的学习，后上升到科学哲学及科技与人文的讨论，较好地满足了科学知识普及、科学思想传授的任务。高等数学是文科学生的噩梦，这是现状。“如何把更多的学生吸引到数学课堂”是应用数学教研室工作重要目标之一。他们进行了课程改革，根据需求新编教材2本《文科高等数学》《金融数学入门》；新建课程3门，其中《文科高等数学》作为通识主干课，适当降低难度，并增加了趣味性，受到学生欢迎，有更多学生参加了修读。据统计，教学改革后，全校必修、选修数学的学生比例上升到67%，且数学建模、MATLAB等实践类课程选读火爆。计算机教研室教师面临着信息技术更新快、新技术多的特点，更要加大力度新建课程。近两年来更新1门，新建11门，新编《多媒体技术与应用》教材1本。根据学科特点和培养的需要，采用分层教学模式，第一学期开设一层次通识选修课《计算机概论》，能够使学生全面掌握计算机的基础理论和实际应用的能力；第二学期主要开设二层次必修课《计算机网络技术与应用》《多媒体技术与应用》《数据库管理与应用》《程序设计基础》，提供一个学生根据兴趣可自由选择的课程组，介绍不同方向知识和应用技术；第三学期主要开设三层次必修课《数字媒体技术》《信息系统的设计与管理》《法律信息管理系统》《网络安全技术》《电子证据》《电子政务》《社会科学大数据分析》，为学生提供计算机与各专业应用相结合的技术介绍，使学生具备专业领域创新的潜力。全部门新课建设率达到78%，有力保障了教学目标的实现。

3. 教学方法的革新

鼓励老师积极开展教学、考核方法的研究，近几年来研究成果丰硕。发表与教学法相关的论文7篇，教改立项3项（见表2）。

表2 教学、考核方法研究成果统计

| 序号 | 研究内容 | 成果形式 |
|---|---|---|
| 1 | 综合教务系统选课子系统性能提升研究 | 教改项目 |
| 2 | 微课制作研究 | 教改项目 |
| 3 | 非计算机课程无纸化作业考试试点研究 | 教改项目 |
| 4 | 高校文科类专业计算机网络实验课教学研究 | 论文 |
| 5 | 几种教学法的探索与实践——以文科院校计算机基础课程教学为例 | 论文 |
| 6 | 多媒体课件制作技术研究 | 论文 |
| 7 | 高校计算机基础课程考试模式改革研究 | 论文 |
| 8 | 法学专业的统计学课程教学研究——以“假设检验”为例 | 论文 |
| 9 | 高等院校教学成效评估体系研究 | 论文 |
| 10 | 分层教学、团结合作全面提升大学生数学素养 | 论文 |

教师把研究成果应用到教学实践当中，根据不同的课程选择使用启发式教学、问题导向式教学、研讨式教学和案例教学等方法，充分调动学生主动参与的积极性，活跃课堂气氛。同时充分利用现代化教学设施和数字平台，引导学生查阅观看数字资源，如网络课堂、微课，拓宽学习渠道；大多数教师已通过教学辅助平台“毕博”布置批改作业，分享资料心得，建立试题库进行过程化考试，与学生定期进行在线讨论等多项应用，师生互动交流方便，及时解决学生的疑问，不仅提高了学生的学习兴趣，还培养了学生良好的自学能力，同时亦增进了师生感情，取得较好的教学效果。

4. 进行学习资材库的建设

为了让学生可以通过学习平台获得更多更新的学习资料，各门课程均进行了相关的资料库建设。2014年，我们组织教师对相关课程的重点难点进行微课制作，已完成《文科高等数学》10节，《线性代数》10节，《概率论与数理统计》10节，《现代科技概论》10 节，《计算机概论》20 节，学生可以随时点播学习或复习，有的课程最高点播近千次。《环境科概论》等课程建立了丰富的音视频资料库，可以再现科学试验场景及科学人物故事。计算机类课程已建成近百套试题库，每次考试都实行在线考试，不仅考查了学生的知识掌握程度，同时也考查了学生的实际操作能力。各种资料库的建设，便利了学生的学习过程，增加了学习的趣味性，学生认同度高。

5. 方便高效的评价过程

对于课程考核，大多数课程目前均采用过程化考试。为了适应这种较为频繁的考试活动，我们建立了网上考试系统，所有的考试均通过考试系统完成，自动判分，并进行试卷分析，帮助找出学生知识掌握的薄弱环节，在教学过程中加以应对解决，同时提高了教师的工作效率。

### （二）根据培养的需要，建立了丰富的实验教学内容和具有实践特色的创新创业课程

实验实践课是培养学生能力的重要环节，是科学技术课的一个主要特征，最能吸引学生热爱科学技术。所以，我们在新课程体系设计中加大了实验课时的比例，对实验课程进行重点打造。

第一，建设丰富的与课程相匹配的实验教学内容，搭建虚拟实验平台，培养学生的动手能力。实验性是科学技术类课程的一个重要特征，所以我们对大约二十门课程的实验内容进行了精心设计，以验证性实验、应用性实验为主，外加少量的设计性和创新性实验内容，让学生既能容易进行实验，又留有提升空间。由于学校缺乏自然科学类的实体实验室，于是我们通过建立虚拟实验环境、与周边高校共享物理实验室、通过虚拟实验楼平台等多种方式来开展实验活动，学生参与兴趣浓厚，进而激起他们学习自然科学知识的强烈愿望，取得很好的效果。

第二，为培育学生创新创业能力，建设多门实践性强的课程。为响应国家创新人才培养需求，培育学生的创新创业能力，我们专门建设了《数据统计与分析》、《MATLAB 与数学实验课

程》、《数学建模》、《VisualBasic 程序设计》、《PhotoshopCS 图像处理技术》、《WEB 页面设计》以及 SPSS 工具等实用性强的课程，为学生的发展创造条件。事实证明，在学生的创新创业项目中，以上知识和能力起到较大的帮助作用。

### （三）积极开展第二课堂，拓展学生视野、培育创新能力

在课堂教学之余，教师们还抽出时间，指导学生开展多种形式的第二课堂活动，包括竞赛、讲座、参观、公益活动等内容，通过这样一些实践活动，让学生所学知识和技能得到升华。

第一，为了开阔学生的视野，丰富学生的科学思路，近几年来，我们请不同领域的专家学者，就各学科作前沿技术、研究方法、科技与人文的关系等方面讲座二十多场，受益学生达三千多人次。

第二，数学教研室通过第二课堂，指导学生数学建模，辅导他们完成数学国际国内竞赛，取得好成绩。近两年获得全国大学生数学建模竞赛一等奖、美国大学生数学建模一等奖的总数达21 项。

第三，计算机教研室每年组织教师指导学生参加中国大学生服务外包创新创业大赛和全国计算机设计大赛。近两年获全国二等奖以上达 10 项；参加北京市“朔日科技杯”设计大赛获一等奖达 6 项。

第四，自然科学教研室组织了学生参加北京市物理竞赛，近几年获奖成绩有较大提高。

以上是中国政法大学作为一所文科类高校，在近两年参加国家、省级以上科技竞赛的成绩统计。各类科技竞赛获奖数量、质量均呈逐年上升趋势，参与学生人数也逐年增长，引领学生对自然科学投以更大的关注和参与。

## 三、自然学科类通识课改革经验分享

通过几年的建设，我校自然科学类通识教育课程体系的构建和实施已经取得阶段性的成果，达到预期目标。我们从中总结了

一些经验，愿意与大家分享。

第一，学校重视，给予通识课建设整体设计和制度保障是基础。

第二，打破教研室壁垒，统领全局，围绕中心目标进行顶层设计，形成具有合力的课程体系是关键。

第三，课程是知识传授的载体，是保证教学质量的关键。建设结构合理、层次分明的课程群组，既可以满足学生按需选课的需要又能让他们得到系统的知识训练。所以课程建设是保证教学质量的抓手。

第四，充分运用现代教学技术，充实教学资源，应用以学生为中心的教学方法，提高学生的学习能力和思考能力。

第五，设计丰富的实验内容，提高学生的学习兴趣、锻炼其动手能力和创新能力。拓展校外实践基地和与相邻高校组成实验室联盟，努力创造实验实践环境是基本保障。

第六，强化第二课堂，培育学生的科学意识、科学能力，以及应用综合知识解决实际问题的能力。通过第二课堂，引导、指导学生团队进行创新实践，提高综合素养，实现全面发展。

在教学改革过程中，我们还存在一些困难和问题，我们将不断进行新的探索和实践，把我校的自然科学类通识教育做得更好。